Pinchas Lapide

Wurde Gott Jude?

Vom Menschsein Jesu

Kösel-Verlag München

CIP-Kurztitelaufnahme der Deutschen Bibliothek

Lapide, Pinchas:
Wurde Gott Jude? : Vom Menschsein Jesu / Pinchas
Lapide. – München : Kösel, 1987.
  ISBN 3-466-20293-0

© 1987 by Kösel-Verlag GmbH & Co., München
Printed in Germany. Alle Rechte vorbehalten
Gesamtherstellung: Kösel, Kempten
Umschlag: Günther Oberhauser, München
ISBN 3-466-20293-0

Inhalt

Prolog 7

Einleitung: Der Adel und das Elend des Menschseins Jesu . 11

I In der Familie 15

  1 Jesu Beschneidung 17
  2 Aus der Kindheit Jesu 18
  3 Das vermißte Kind 19
  4 Jesus und seine Geschwister 20
  5 Jesus und seine Brüder 23
  6 Jesus und seine Mutter 26

II Unter den Freunden 29

  7 Jesus liebt 31
  8 Jesus ist zärtlich 34
  9 Jesus der Menschenkenner 36
10 Jesus und die Heiden 40

III Zwischen Lachen und Weinen 43

11 Jesus scherzt 45
12 Jesus irrt sich 47
13 Jesus wird ausgelacht 48
14 Jesus widerspricht sich 50
15 Jesus gibt sich geschlagen 52
16 Jesus hungert und dürstet auf der Flucht 54
17 Jesus weint 57

IV Der ungewöhnliche Rabbi 59

18 Jesus der Rabbi 61
19 Jesus ist tolerant 64
20 Jesus ist obdachlos 67
21 Er konnte keine Wunder in Nazaret wirken 68
22 Einige Jünger verlassen Jesus 69

V Umstrittener Kämpfer 71

23 Jesus zwischen Krieg und Frieden 73
24 Jesus und das Schwert 76
25 Jesus zürnt 79
26 Jesus als Schlemmer und Säufer verrufen 80
27 »Er ist von Sinnen« 81

VI Der besiegte Sieger 83

28 »Nur wer sein Kreuz trägt...« 85
29 Jesus betet 87
30 Jesus hat Angst 90
31 Jesus verzweifelt – fast 92
32 Jesus unterwirft sich Gott 95

Prolog

> *Wir glauben an den einen Herrn Jesus Christus,*
> *Gottes eingeborenen Sohn:*
> *... wahrer Gott vom wahren Gott ...*
> *Für uns Menschen und zu unserem Heil*
> *ist er vom Himmel gekommen,*
> *hat Fleisch angenommen ...*
> *und ist Mensch geworden.*

So heißt es im Großen Glaubensbekenntnis der Kirche seit über fünfzehnhundert Jahren, als das Konzil von Chalkedon (451) die Lehre von der Menschwerdung Gottes zur verpflichtenden Glaubenssatzung erhoben hat.

Inzwischen ist geraume Zeit vergangen, die Wissenschaften haben unser Weltbild neu geprägt, – und wir beginnen zu verstehen, daß wir nur sehr wenig wissen, insbesondere von Gott und Seinem Wesen.

Denn alles was wir *von* Ihm erahnen, geht unschwer auf eine Postkarte; was wir *um* Ihn wissen und glauben, füllt alle Bücher des Alten und des Neuen Testaments.

Die Inkarnation entzieht sich unser aller Kenntnis und bleibt daher im Bereich des christlichen Glaubens, den Juden nicht nachvollziehen können. Über gelebten Glauben aber kann man weder debattieren noch raisonieren; ihn kann man nur einfühlsam respektieren und als Überzeugung unseres Nächsten redlich zu verstehen suchen.

Mit den Worten von Martin Buber: »Jesus habe ich von Jugend auf als meinen großen Bruder empfunden. Daß die Christenheit ihn als Gott und Erlöser angesehen hat und ansieht, ist mir immer als eine Tatsache von höchstem Ernst erschienen, die ich um seinet- und um meinetwillen zu begreifen suchen muß.«

Was das Geheimnis des Glaubens betrifft, zu dem im Christentum vor allem die Inkarnation gehört, fährt Buber fort: »Es gibt ein Etwas in der Glaubensgeschichte Israels, das nur von Israel her zu erkennen ist, wie es ein Etwas in der Glaubensgeschichte der Christenheit gibt, das nur von ihr aus zu erkennen ist. An dieses zweite habe ich mich nur mit der unbefangenen Ehrfurcht des das Wort Hörenden gerührt« (Martin Buber, Werke I, München/Heidelberg 1962, S. 657f.).

Einen Schritt weiter wagt sich der orthodoxe jüdische Philosoph Michael Wyshgorod vor: »Wenn das Judentum die Fleischwerdung nicht annehmen kann, so darum, weil es diese Geschichte nicht hört, weil das Wort Gottes, so wie es vom Judentum gehört wird, ihm das nicht sagt, und weil der jüdische Glaube das nicht bezeugt. Und wenn die Kirche die Fleischwerdung annimmt, so nicht darum, weil sie irgendwie entdeckte, daß solch ein Ereignis – die Natur Gottes oder des Seins, die Realität oder irgendetwas anderes vorausgesetzt – stattzufinden hätte, sondern weil sie hört, daß dies Gottes freie und gnädige Entscheidung war – eine vom Menschen nicht vorherzusagende Entscheidung.

Seltsam genug: in diesem Licht gesehen, kann die Gegensätzlichkeit zwischen Judentum und Christentum zwar nicht aufgelöst, aber in einen Zusammenhang gebracht werden, innerhalb dessen es um einen Unterschied des Glaubens im Hinblick auf das freie und souveräne Handeln des Gottes Israels geht.« (Warum war und ist Karl Barths Theologie für einen jüdischen Theologen von Interesse?, in: Evangelische Theologie 34 [1974] S. 226)

Verständnis für diese Einstellung kam auf katholischer Seite deutlich zum Ausdruck: »[...] In gleicher Weise werden sie [die Katholiken] bestrebt sein, die Schwierigkeiten zu verstehen, die die jüdische Seele, gerade weil sie von einem sehr hohen und reinen Begriff der göttlichen Transzendenz geprägt ist, gegenüber dem Geheimnis des fleischgewordenen Wortes empfinden,« so heißt es in den vatikanischen »Richtlinien und Hinweisen für die Durchführung der Konzilserklärung Nostra Aetate«, Nr. 4, vom 3. Januar 1975.

Ausgangspunkt des christlich-jüdischen Zwiegesprächs sollte daher die große Gemeinsamkeit sein, die tragfähige Grundpfeiler zum Brückenschlag liefern kann – ohne Verwischungen und Umgehungen der legitimen Glaubensunterschiede. Denn was sowohl Juden als auch Christen vorbehaltlos akzeptieren können, ist, daß Jesus von Nazaret »wahrer Mensch« war, wie es auch im Credo der Kirche bekannt wird. Aber einen wahren Menschen schlechthin, einen »Allerweltsmenschen« sozusagen, hat es nie gegeben. Einer, der mutterseelenallein, bindungslos und unverwandt diese Erde beschreitet, wäre kein »wahrer Mensch«, sondern höchstens eine abstrakte Vorstellung, ein künstliches Gedankenprodukt, aber kein Menschenkind aus Fleisch und Blut. Zum wahren Menschsein gehören: Ein Stück eigener Erde als Heimatland, eine angeborene Muttersprache, eine bewußte Volkszugehörigkeit, ein Rahmen von althergebrachten Traditionen, ein Gefüge von Denk- und Glaubensweisen und die Verwurzelung in einem spezifischen geistigen Mutterboden.

In allen diesen unverzichtbaren Attributen seines Menschseins war und blieb Jesus zeitlebens ein wahrer Jude.

Beeinträchtigt Jesu Judesein sein Menschsein? Ganz im Gegenteil! Je tiefer der Baumstamm in seiner Muttererde verwurzelt ist, umso höher ragen seine Wipfel zum Himmel hinauf, umso weiter reichen seine Zweige auf allen Seiten hin. Gerade sein profundes Judesein ist es, das dem Nazarener universale Dimensionen verleiht und zum Vorbild echter Menschlichkeit macht.

Wenn also der Christ bekennt: Gott wurde Mensch, so heißt das im Hinblick auf Jesus: *Gott wurde Jude*.

Ist das nicht eine unumgehbare Schlußfolgerung, die sich aus der Inkarnationslehre ergibt und zum Weiterdenken anregt?

Karl Barth, »der größte Theologe unseres Jahrhunderts«, so nannte Papst Paul VI. den Schweizer Theologen, war fest entschlossen, die Menschwerdung in ihrer ganzen Fülle ernstzunehmen: »Die Meinung kann auch nicht die sein, daß wir an Jesus Christus glauben, der nun zufällig ein Israelit war, der aber ebensogut auch einem anderen Volk hätte entstammen können. Hier muß man ganz streng denken. Jesus Christus war notwendig

Jude [...]. Gott wurde Mensch im jüdischen Fleisch. An dieser Tatsache ist nicht vorbei zu sehen, sondern sie gehört zu der konkreten Wirklichkeit Gottes und Seiner Offenbarung.« (Die kirchliche Dogmatik, IV/1, S. 181f.)

Einleitung
Der Adel und das Elend des Menschseins Jesu

»Diejenigen, welche gerne von negativer Theologie sprechen, haben es im Hinblick auf den Ertrag der Leben-Jesu-Forschung nicht schwer. Er ist negativ.« Mit diesem Satz kennzeichnete Albert Schweitzer zu Beginn dieses Jahrhunderts den Gesamtertrag der wissenschaftlichen Jesusforschung – einschließlich seiner eigenen jahrzehntelangen Bemühungen. Albert Schweitzer hat noch immer recht.
Über niemanden wurde bisher mehr geschrieben, heftiger debattiert und länger gestritten als über Jesus von Nazaret. An keinem anderen haben sich die Meinungen schärfer entzündet und sind so leidenschaftlich auseinandergegangen. Und je mehr wir über ihn zu wissen glauben, umso quälender werden die Rätsel, die seine Gestalt verhüllen.
Wann und wo wurde er geboren?
Wie hat er seine Kindheit verbracht?
Stimmt der Stammbaum des Matthäus oder der des Lukas?
Fand die Salbung in Bethanien acht Tage vor (Johannes) oder zwei Tage nach (Matthäus) dem Passahfest statt?
An welchem Tag wurde das Abendmahl gefeiert?
Was tat er während der achtzehn verborgenen Jahre von der frühen Jugend bis zum Mannesalter?
Und wann ist er am Kreuz gestorben?
Fragen über Fragen, auf die es keine absolut klare Antwort gibt.
Die Klage vieler Theologen ist es seit Jahrhunderten, daß die Evangelien zu wenig über ihn aussagen. Für andere ist das Jesusbild im Neuen Testament zu abstrakt, »um ein Leben Jesu zu schreiben«, wie Günther Bornkamm meint. Wiederum andere bedauern die Fülle der evangelischen Aussagen, die einander häufig widersprechen und nicht auf einen Nenner zu bringen

sind. Mit einem Seufzer der Resignation stellte man daher fest: Da eine »präzise« Aussage in bezug auf den Nazarener nicht möglich ist, drängt der karge Textbefund zur Wahl: entweder einer vorsichtigen Rekonstruktion der fehlenden Angaben oder eines Verzichts auf jedwede Vita Jesu. Zunächst gab es Versuche zahlreicher Rekonstruktionen: Jesus, der Menschenfischer, der Rebell der Liebe, der Sozialapostel, der Vorkämpfer für eine Befreiungstheologie, der Mann für andere, der große Bruder sowie eine bunte Galerie von schillernden Jesusgemälden, in die jede Zeit, jede Schule und die meisten Forscher ihr eigenes Gedankengut hineingedichtet haben.

Die moderne Jesusforschung ist ausgezogen, um ihn wiederzufinden. Sie meinte zuerst, sie könnte ihn, so wie er leibt und lebt, in die Gegenwart hineinstellen. Inzwischen hat sie die Bescheidenheit erlernt und sich zum Verzicht entschlossen. Man beginnt zu verstehen, daß es so etwas wie einen »Datenschutz von Oben« geben könnte, der einem Fingerzeig gleichkommt, von Einzelheiten abzusehen, um sich auf das Wesentliche zu konzentrieren.

Es ist der Aberglaube unseres faktenbesessenen Zeitalters zu wähnen, man habe mittels der »Personalien« eine Person bereits »erfaßt«. Wenn einer Fritz Mayer heißt, 38 Jahre alt ist, blonde Haare und blaue Augen hat, und »keine besonderen Merkmale« besitzt – was wissen wir da schon über seine Natur, seinen Charakter, sein eigentliches Wesen? Vor uns steht ein papierenes Datenskelett, ohne Fleisch und Blut.

Bei Jesus ist es umgekehrt. Alles faktisch Wißbare über ihn genügt weder für einen Steckbrief noch einen Personalausweis, von einer Biographie ganz zu schweigen.

Wohl aber wissen wir eine ganze Menge *um* sein Wesen, sein Streben, seine Empfindungen, sein Gottesbild und nicht zuletzt um seine einzigartige Gläubigkeit. Das aber läßt das Interesse am historischen Detail verblassen. Es wächst die Einsicht, daß es keiner gelehrten Bevormundung bedarf, um das, was er im Innersten ist und will, zu erahnen – auch wenn man über die Einzelheiten nicht allzuviel weiß. Denn trotz all unserer Unwissenheit über den historischen Jesus ist ein wesentlicher Tatbestand über jeden Zweifel erhaben: Er hat nichts über sich selbst schriftlich verlautbart, seine Person nie in den Mittelpunkt gestellt, und er hätte nicht gewußt, was Theologie und Christologie überhaupt bedeuten, da es dafür gar keine Worte in seiner Muttersprache gibt.

Demütig und bescheiden ging er seinen Weg, frei von aller Selbstgefälligkeit, erfüllt von der Freude am Dasein, der Botschaft vom kommenden Himmelreich, und getragen von seiner Sendung, die Frohbotschaft von der schrankenlosen Liebe Gottes unter die Leute zu bringen.

Da steht einer auf im alten Israel, um über Nacht die Prophetenvision zur morgigen Tagesordnung zu machen. Einer, der es wagt, trotz Krieg und Tyrannei, die biblische Nächstenliebe bis zur letzten Konsequenz durchzuglauben, um uns allen eine Vision vom möglichen Menschentum in die Seele hineinzubrennen, das keinen mehr zufrieden sein läßt mit dem fadenscheinigen Allerweltsmenschen, der unsereiner nun mal ist, aber nicht bleiben muß.

Der Mann aus Nazaret wußte: Die Größe des Menschseins besteht darin, daß der Zweifüßler das Gefängnis seiner Ich-Sucht zu sprengen vermag, über sich selbst hinauswachsen kann, um menschlicher und weitherziger zu werden – auf der ewigen Suche nach Vollkommenheit: »Denn wenn Ihr Glauben habt... wird Euch nichts unmöglich sein« (Mt 17,20). Diese Wahrheit hat er den Seinen vorgelebt, vorgeliebt und vorgestorben. Sie ist mit ihm auch auferstanden, denn solange es Hoffnung auf Erden gibt, wird sie nicht untergehen.

Nirgends in den Evangelien wird Jesus als Heldengestalt geschildert; es wird nicht behauptet, er sei besonders groß, außergewöhnlich schön, stark, gebildet oder mutig gewesen. Ganz im Gegenteil!

Keine Regung des menschlichen Gefühlsregisters noch irgendeine der Höhen und Tiefen des Lebens fehlen bei Jesus. So leidet er Hunger, wird verfolgt, muß fliehen, und er dürstet – auch nach Anerkennung und Verständnis. Er stößt Tische um, braust auf – und wird geohrfeigt (Joh 18,22).

Er ist müde, verliert die Geduld, fährt Kleingläubige unwirsch an – und wird abgewiesen. Er will überzeugen – und stößt auf Begriffsstutzigkeit. Von seinen Jüngern wird er verehrt und bewundert – aber auch verlassen (Joh 6,66).
Er wird gepriesen und verspottet; gesegnet und gerügt; geküßt und geschlagen.
Er gerät in Angst (Mt 26,37); er weint (Jo 11,35); hie und da versagt er (Jo 6,66; Mk 6,5); er darf irren (Mt 10,23); er schwitzt Blut (Lk 22,44); er wird ausgelacht (Mt 9,24) und ist als Säufer und Schlemmer verrufen (Lk 7,34) – und dennoch kann es von ihm heißen: »Eine Kraft ging von ihm aus« (Lk 6,19).
Nicht *trotz* seiner menschlichen Empfindsamkeiten, sondern gerade *deshalb,* weil sein Fleisch schwach war (Mk 14,28) wie das unsere, und weil er die ärgsten Anfechtungen auskosten mußte bis zur bitteren Neige, darum ist er zum Helden des Glaubens geworden. Denn wahrer Glaube ist das größte Wagnis der Seele, die nur durch Zweifel und Hemmnisse hindurch die Freude an Gott und die gestählte Lust am Leben gewinnt. So steht er nun vor uns: Ein Mann aus unserem Fleisch und Blut, der seine unsterbliche Zuversicht auf Gott und Sein kommendes Reich, über Kreuz und Grab hinweg der Menschheit vermacht hat.

Dem Menschen Jesus aus Nazaret ist dieses Buch gewidmet.

I In der Familie

1 Jesu Beschneidung

Und als acht Tage bis zu seiner Beschneidung vollendet waren, wurde ihm der Name Jesus gegeben. (Lk 2,21)

»Am achten Tage aber ist des Knaben Vorhaut zu beschneiden« (Lev 12,3). So befiehlt die Hebräische Bibel, deren Gebote Vater Joseph, wie auch seine Söhne, zeitlebens befolgten. Mit dieser Initiation beginnt eigentlich die christliche Zeitrechnung, die nicht mit dem Geburtstag Jesu ihren Anfang nimmt, sondern acht Tage später, am Ersten Januar, als der Säugling Jeschua, wie alle jüdischen Knaben bis heute, in den »Ewigen Bund« (Gen 17,9–14) aufgenommen wurde, den Gott mit Abraham geschlossen hat.
Das Kalenderjahr der Christenheit beginnt also nicht mit Jesu »Menschwerdung« am 24. Dezember, sondern mit seiner darauffolgenden »Judewerdung«, die ihn zum »Diener der Beschneidung« macht, wie Paulus später betont (Röm 15,8). Nach ihm wurde auch Petrus, der erste »Papst«, zum »Apostel der Beschnittenen« (Gal 2,28). Kein Wunder also, daß sich die meisten Apostel kein Christentum ohne vorherige Beschneidung vorstellen konnten, wie sie öffentlich den Heiden erklärten: »Wenn Ihr Euch nicht beschneiden laßt nach der Weise Moses, so könnt Ihr nicht selig werden« (Apg 15,1).
So tief, wenn auch verschüttet, sind die Zusammenhänge, die das Christentum an den jüdischen Glauben seiner Gründer binden.

2 Aus der Kindheit Jesu

[...] Kinder, die auf dem Marktplatz sitzen und einander zurufen: Wir haben Euch aufgespielt, und ihr habt nicht getanzt; wir haben Klagelieder gesungen, und ihr habt nicht geweint.
(Lk 7,31f.)

Viele der Landsleute Jesu waren weder mit dem asketischen Johannes dem Täufer noch mit dem lebensbejahenden »Freund der Zöllner und Sünder«, Jesus, zufrieden. Ihre Haltung vergleicht Jesus mit einem Bild, das vielleicht eine Erinnerung aus seiner Kindheit widerspiegelt.
Dorfkinder in Nazaret führen eine Ballade auf, die von Liebe, Hochzeit und Trennung erzählt, und der Knabe Jesus gehört zu den Spielmännern, die den Reigen der Tänzer mit Gesang und Gebärden begleiten.
Er muß wohl aus einer glücklichen Kindheit in seine Sendung hineingewachsen sein; sonst hätte er nicht gesagt: »Wenn ihr nicht werdet wie die Kinder, so kommt ihr nicht ins Himmelreich!« (Mt 18,3)
Wie Kinder werden heißt: Ganz Auge und Ohr sein für die Wunder des Alltags und den Glanz der Dinge; offen bleiben für die Welt Gottes; spontan sein wie das frische Wasser, das aus der Quelle sprudelt; die eigene Menschwerdung als Freude am Dasein erfahren; Mut haben zum Fehlermachen; Schuld wegweinen; im Nu die Umkehr vollbringen und gleich darauf den Neuanfang wagen – wie Gott selbst, der jeden Tag Sein Schöpfungswerk neu aufleuchten läßt.

3 Das vermißte Kind

Als die Tage vorüber waren, und sie wieder heimkehrten, blieb der Knabe Jesus in Jerusalem, und seine Eltern wußten es nicht. In der Meinung, er sei bei der Reisegesellschaft, gingen sie eine Tagreise weit, und suchten ihn unter den Verwandten und Bekannten. Da sie ihn nicht fanden, kehrten sie nach Jerusalem zurück und suchten ihn. Und es begab sich, nach drei Tagen fanden sie ihn im Tempel, wie er mitten unter den Lehrern saß, ihnen zuhörte und sie fragte. Es staunten aber alle über seine Einsicht und seine Antworten. Und da sie ihn erblickten, waren sie fassungslos und seine Mutter sagte zu ihm: Kind, warum hast du uns das getan? Siehe, dein Vater und ich suchen dich mit Schmerzen. (Lk 2,43–48)

Wir haben hier die typische Erzählung frommer Eltern, die mit ihrem Erstgeborenen hinauf nach Jerusalem pilgern, um das Fest seiner BAR-MITSWA, der religiösen Mündigwerdung im Alter von 13 Jahren, in der Heiligen Stadt zu feiern. Daß Jesus sich dabei glänzend bewährt hat, erfahren wir aus der Schilderung seiner ersten öffentlichen Bibelauslegung – das herkömmliche Lehrgespräch zwischen Schüler und Lehrern, wie es bis heute im Judentum üblich ist. Neu jedoch ist: Er fand an dem langen Lehrgespräch mit den Rabbinen solches Gefallen, daß er darüber sogar seine Eltern vergaß. Daß er ihnen damit Schmerzen verursachte, betont unser Text, ohne jedoch Jesus dafür zu rügen.
Es sei denn, wir dürfen aus dem folgenden Satz entnehmen, demgemäß er bald darauf »zunahm an Weisheit und Alter« (Lk 2,52), daß er später auch lernte, mehr Rücksicht auf seine Eltern zu nehmen.

4 Jesus und seine Geschwister

Ist dieser nicht der Zimmermann, der Sohn der Maria und ein Bruder des Jakobus, und Joses und Judas und Simons? Und sind nicht seine Schwestern hier bei uns? (Mk 6,3)

Schon bei der Geburt Jesu hieß es, Maria »gebar ihren erstgeborenen Sohn« (Lk 2,6), was auf weitere Kinder schließen läßt. Doch nun hören wir zum ersten Mal von vier leiblichen Brüdern Jesu und zumindest zwei Schwestern, die mit ihm aufgewachsen waren. Da diese leiblichen Verwandten Jesu nicht weniger als rund zwölfmal in den Evangelien als »seine Angehörigen« (Mk 3,21) erwähnt werden (Mk 3,31; Mt 12,46; Lk 8,19; Mk 6,3; Mt 13,55; Lk 4,22; Jo 2,12; 7,3.5.10; Apg 1,14), besteht kein einleuchtender Grund, sie zu »Vettern« oder »Halbbrüdern« Jesu umzudeuten.
Da die Evangelisten alles Persönliche über Josef konsequent mit Schweigen umhüllen, bleibt die Namensgebung seiner fünf Söhne so gut wie der einzige Hinweis auf die Gesinnung dieses frommen Juden, der als »gerecht« gepriesen wird (Mt 1,19).
Auf Anhieb fällt hier auf, daß alle fünf rein hebräische Bibelnamen tragen, ohne den geringsten griechischen Einfluß, wie er etwa bei Philippus, Andreas oder Nikodemus zu finden ist.
Gleich den fünf Makkabäerbrüdern erinnern sie nicht nur an gläubige Freiheitskämpfer, sondern haben auch einen messianischen Beigeschmack.
So war *Juda*, der Sohn Leas, der Stammvater des Stammes Juda, dem Boas, Ischai und David entstammen, aus deren Nachkommenschaft der Messias erwartet wird – eine immergrüne Hoffnung, für die der Segen, den Jakob seinem Sohn Juda auf dem Sterbebett erteilt (Gen 49,8–10), als biblische Bestätigung gilt.
Ihm zu Ehren wurde der Erstgeborene der Makkabäerbrüder Juda

genannt, der Israel vom Joch der Syrer befreite und den Tempel in Jerusalem wieder einweihen konnte, was allgemein als Vorzeichen der kommenden Erlösung erachtet wurde.

Simon, dem letzten der Makkabäer gelang es, die Heere des Kaisers Antiochus VII. endgültig zu besiegen und mit den Feinden Israels ein Friedensbündnis zu schließen, in dem den Juden »der Erlaß aller Steuern« (1 Makk 15,5f.) zugestanden wurde – verheißungsvolle Worte für alle, die zu Josefs Zeiten unter dem römischen Joch der Tributzahlung seufzten.

Von *Jakob* heißt es in der prophetischen Weissagung: »Ein Stern wird aus Jakob aufgehen« (Num 24,17), was schon sehr früh als messianischer Fingerzeig gedeutet wurde. Ebenso wurde das Bibelwort »Aus Jakob wird der Herrscher kommen« (Num 24,19), zu einer Losung der Zelotenbewegung, was wohl die Popularität dieses Namens unter den damaligen Patrioten erklärt. Und in der Tat wurde dieser Bruder Jesu später als »der Gerechte« in Jerusalem stadtbekannt, wo er als Mitgründer der jesuanischen Urgemeinde in die Geschichte eingegangen ist.

Dasselbe gilt für *Josef* (oder: *Jose*), von dem es heißt: »Er war der Herrscher im Lande« (Gen 42,6), was ebenso als Hinweis auf die künftige Erlösung Israels von aller Fremdherrschaft ausgelegt wurde.

Unmißverständlich messianisch aber ist vor allem der Name *Jesus* oder besser gesagt: *Jeschua,* der entweder »Gott wird erlösen« oder »er wird erretten« bedeuten kann.

In beiden Fällen aber mußte er im damaligen Klima fieberhafter Naherwartung wie ein Stoßgebet um die baldige Befreiung klingen.

Das Fazit dieser erwartungsvollen Symbolik liegt auf der Hand: Josef und die Seinen gehörten wohl zu jenen Kreisen, die tatkräftig »auf die Erlösung Jerusalems« (Lk 2,38) und »die Rettung aus der Hand unserer Feinde« (Lk 2,68) hofften.

Fest steht ebenso, daß ein Vater in Israel, der seinen Söhnen solche Namen gab, sie von Kindheit an im Geist der Freiheit Gottes zu erziehen entschlossen war. Hinzuzufügen ist dem noch, daß von den 62 jüdischen Kriegen, Aufständen und Erhebungen gegen das Heidenjoch, von den Makkabäern an (167 v. Chr.) bis zum Bar-Kochba-Aufstand (133 n. Chr.) nicht weniger als 61 von Galiläa ausgingen, das Kaiser Claudius den »Fieberherd« im jüdischen Volkskörper bezeichnete.

»Die Galiläer«, so schreibt der jüdische Historiker Josephus Flavius, »sind kampflustig von Kindesbeinen an, sie kennen keine Furcht und haben eine Leidenschaft für Freiheit, Umsturz und Rebellion« (Der Jüdische Krieg III,3,2).

Als Petrus seinen Herrn verleugnete, konnten ihn daher die Dabeistehenden Lügen strafen, indem sie feststellten: »Du bist ja auch ein Galiläer!« (Mk 14,70) – das »auch« genau wie »der Nazarener Jesus« (Mk 14,68).

Dieser Aspekt gehört ebenso zum Hintergrund von Jesus, der alle vorprogrammierten Denkschablonen sprengt und sich standhaft weigert, von irgendeiner Schule vereinnahmt zu werden.

Wer ihm selbst begegnen will, muß sich von allen bequemen Klischees verabschieden, um ihn in all seiner Widersprüchlichkeit gelten lassen zu können.

Er war eben ein wahrer und wirklicher Mensch, und das heißt nicht nur ein Kämpfer und Träumer, ein Sucher und ein Wanderer, sondern auch der Träger des Mysteriums seiner gottgewollten Einzigartigkeit, – wie es jeder von uns ist –, das keiner seiner Menschenbrüder ganz zu enthüllen vermag.

Auch das gehört zum Rabbi von Nazaret, der eine Leuchte Israels war – ein Lehrer der Menschheit.

5 Jesus und seine Brüder

Während er noch zu den Volksscharen redete, siehe, da standen seine Mutter und seine Brüder draußen und wünschten ihn zu sprechen. Da sagte jemand zu ihm: Siehe, deine Mutter und deine Brüder stehen draußen ... er aber antwortete dem, der es ihm mitteilte: Wer ist meine Mutter, und wer sind meine Brüder? Und er streckte seine Hand über seine Jünger und sprach: Siehe, meine Mutter und meine Brüder! Denn jeder, der den Willen meines Vaters im Himmel tut, der ist mir Bruder und Schwester und Mutter. (Mt 12,46–50)

Zwei Dinge dürfen wir dieser Stelle entnehmen, die sowohl Markus (3,31–35) als Lukas (8,19–21) wiederholen: Daß zwischen Jesus und seiner Familie eine gewisse Spannung herrschte – eine Annahme die zweifache Bestätigung findet:
»Die Seinen zogen aus, um sich seiner zu bemächtigen, denn sie sagten: Er ist von Sinnen« (Mk 3,21). »Nicht einmal seine Brüder glaubten an ihn« (Joh 7,5).
Wir dürfen daher annehmen, daß Jesus sowohl eine »Qualverwandtschaft« hatte, zu denen der engere Familienkreis zu zählen schien, als auch eine »Wahlverwandtschaft«, die zunächst seine Jünger umschloß, später dann auf all jene ausgedehnt wurde, die den Willen Gottes tun; und nicht zuletzt, eine »Prahlverwandtschaft«, die aus jenen bestand, die ihre Blutsbande erst dann geltend machten, als er bereits berühmt geworden war.
Ebenso wichtig ist die Schlußfolgerung, daß Jesus den Würdetitel »Bruder« all jenen verlieh, mit denen er sich glaubensverwandt fühlte, wobei er die Blutsverwandtschaft der Nachfolge in seinen Fußstapfen eindeutig unterordnete: »Wer Vater oder Mutter mehr liebt als mich, ist meiner nicht wert. Und wer Sohn und Tochter mehr liebt als mich, ist meiner nicht wert« (Mt 10,37).

So heißt es in der Bergpredigt von den Mitgliedern seiner Gemeinde: »Jeder, der seinem Bruder zürnt, soll dem Gericht verfallen sein. Wer aber seinem Bruder sagt: Du Dummkopf!, der soll dem Hohen Rat verfallen sein« (Mt 5,22f.).
Gleich danach werden von Jesus Prioritäten festgesetzt, die für Nichtjuden höchst anstößig klingen konnten: Die Bruderliebe soll Vorrang genießen, sogar vor der Liebe zu deinem Schöpfer. So heißt es also, einem alten rabbinischen Prinzip gemäß, daß die Aussöhnung mit dem Bruder zur Vorbedingung der erbeteten Versöhnung mit Gott macht: »Wenn du nun deine Gabe zum Altar bringst, und dich dort erinnerst, daß dein Bruder etwas gegen dich hat, dann laß deine Gabe dort vor dem Altar, und gehe erst hin und versöhne dich mit deinem Bruder. Dann komm und bring deine Gabe dar!« (Mt 5,23–24)
Hier ist die Rede von einem Bruder, der – zu Recht oder zu Unrecht – deiner grollt, wegen eines (vermeintlichen?) Unrechts, das du gegen ihn begangen hast. Wie aber soll man gegenüber dem Bruder verfahren, der sich gegen dich verfehlt hat?
Vergeben sollst du ihm, sagt Jesus. Ja, aber wie oft, will Petrus wissen: »Bis zu siebenmal?« (Mt 18,21) Jesus antwortete ihm: »Nicht bis siebenmal, sondern bis zu siebenundsiebzigmal,« – womit die Bruderliebe verabsolutiert, die Nachgiebigkeit entgrenzt und die Nachträglichkeit eindeutig verdammt wird.
»Ihr sollt euch nicht Rabbi nennen lassen, denn [...] ihr seid alle Brüder [...] und ihr sollt niemand Vater nennen auf Erden, denn Einer ist euer Vater, der im Himmel ist« (Mt 23,8).
So betont Jesus die Bruderschaft aller Jünger, verpönt die Ruhmsucht und die Titelhascherei, und verweist auf Gott als die einzige »Obrigkeit«, der Liebe und Gehorsam gebührt.
Zu guter Letzt reißt er die letzten Schranken ein, um alle Obdachlosen, Hungernden, Habenichtse und alle anderen Opfer menschlicher Unmenschlichkeit zu seinen Brüdern zu erklären: »Wahrlich, ich sage Euch, was immer ihr einem dieser meiner geringsten Brüder getan habt, das habt ihr mir getan!« (Mt 25,40)
Eindeutig klingt aus über zwanzig Stellen in den Evangelien die

Frohbotschaft der Bruderschaft aller gläubigen Menschen, unter dem einen Vater-Gott, denen Jesus ein beispielhaftes Brudersein vorleben wollte. Da der irdische Jesus von Nazaret keine persönliche Verehrung wünschte und sich allen Würdigungen resolut widersetzte (Lk 12,14; Mk 10,18; Mt 7,21), kommt es in der Nachkriegs-Theologie zu einer Wiederentdeckung Jesu, des Menschenbruders, der in dieser Welt zu Hause war. Diese unsere Heimat-Welt, so schmutzig und so edel, so erhaben und verkommen wie sie nun mal ist –, diese gottgewollte Welt, der all sein Leben und Sterben, sein Leiden und Hoffen, sein Lehren und Predigen und der zuletzt auch sein Tod am Kreuze geweiht waren. Unser aller Bruder Jesus.

6 Jesus und seine Mutter

Seine Mutter sagte zu ihm: Kind, warum hast du uns das angetan? Siehe, dein Vater und ich suchen dich mit Schmerzen. (Lk 2,48)
Was willst du von mir, Weib? Meine Stunde ist noch nicht gekommen. (Joh 2,4)
Dann sagte er (Jesus) zur Mutter: Frau, da ist Dein Sohn. Dann sagte er zu dem Jünger: Da ist Deine Mutter. Und von jener Stunde an nahm der Jünger sie zu sich. (Joh 19,26–27)

Um Maria zu ehren, die zu Hause Miriam hieß, bedarf es keiner frommen Legenden noch theologischer Erörterungen, sondern nur der zwei historisch gesicherten Tatsachen, die sie als *mater dolorosa* zum Inbegriff aller schmerzensreichen Mutterschaft gemacht haben: Ihr Leiden *an* Jesus und ihr Leiden *mit* Jesus. Von den Kinderjahren an bis hin zum Kreuz, der Agonie und der wehmütigen Kreuzabnahme – mitten im Kleinkrieg, den jüdische Patrioten damals gegen das brutale Römerjoch auszufechten entschlossen waren, ist ihr Leben ein einziger Leidensweg. Nicht von ungefähr hat der greise Simon, der ihren Erstgeborenen im Tempel gesegnet hatte, ihr vorausgesagt: »Dir selbst aber wird ein Schwert in die Seele dringen« (Lk 2,35).
Es fehlt nicht an Hinweisen in den Evangelien, daß Jesu Beziehung zu seiner Mutter gestört war. Ob das Dunkel seiner Geburt ein Motiv für dieses gespannte Verhältnis war, bleibt im Bereich der Vermutungen. Fest steht, daß Spannungen bereits bei der Pilgerfahrt des 12jährigen mit seinen Eltern in Jerusalem bemerkbar werden. Drei Tage lang mußten sie ihren Sohn suchen, bis sie ihn endlich im Tempel fanden.
Wie dem auch sei, es gehört zur Natur der Mutterschaft, daß niemand so eng mit Jesus verbunden war wie Maria. Es gehört

aber ebenso zum Geschick eines Propheten, daß er gerade denen, die ihn von klein auf kennen, durch seine Sendung plötzlich entfremdet wird und zum Ärgernis werden muß. Das bezeugt Jesu Mißerfolg – gerade in seiner Vaterstadt Nazaret, wo er »keine Wunder erwirken konnte,« (Mk 6,5) und seine eigene Familie von ihm sagte: »Er ist von Sinnen« (Mk 3,21).
Wie mußte doch Maria unter diesem Nicht-mehr-verstehen-Können leiden! Wie oft hat sie nicht versucht, ihn mit Hilfe der Brüder heimzuholen! Wie mußte doch ihr Herz bluten, als er öffentlich ausgelacht wurde! (Mk 5,39) Wie oft quälte sie nicht der Verdacht, daß ihr Erstgeborener, den sie mit Hingabe im Glauben ihrer Väter erzogen hatte, ein Irrlehrer geworden war! Und als sie sich endlich aufraffte, um ihm bei der Hochzeit zu Kana ins Gewissen zu reden, da fährt sie Jesus unwirsch an: »Was willst du von mir, Weib? Meine Stunde ist noch nicht gekommen« (Joh 2,4).
Noch einmal versucht sie, sich ihm zu nähern, die zerrissene Beziehung wiederherzustellen, ihn an die Kinderjahre der Liebe und Eintracht zu erinnern, um ihn voll mütterlicher Sorge den Gefahren zu entreißen, die sie in ihrem Herzen vorausahnte.
Matthäus berichtet uns: »Während er noch zu den Volksmengen redete, [. . .] da sagte jemand zu ihm: Siehe, deine Mutter [. . .] steht draußen und will mit dir sprechen. Er aber antwortete: Wer ist meine Mutter? [. . .] Und er streckte seine Hand aus über seine Jünger und sprach: Siehe, hier sind meine Mutter und meine Brüder!« (Mt 12,46–49)
Wahrscheinlich können nur Mütter nachempfinden, welche tiefe Wunde solch eine schroffe Abweisung schlagen kann. Wie so vielen Müttern blieb ihr nichts anderes übrig, als sich wortlos zurückzuziehen und stillschweigend an der schmerzlichen Trennung zu leiden. Die Evangelien nennen verschiedene Frauen mit Namen, die Jesus versorgten, mit ihm durch Galiläa und zuletzt auch hinauf nach Jerusalem zogen. Mariens Name ist nicht dabei. Wir dürfen annehmen, daß sie früh verwitwet war und daher leicht ihr Haus verlassen konnte – ein Entschluß, zu dem sie sich jedoch erst durchzuringen vermochte, als die Verunglimpfungen

von seiten der Gegner Jesu allzu verletzend wurden, so daß sie sich eines Tages der Jüngergemeinde ihres Sohnes anschloß. Aber erst auf Golgotha scheint es zur Versöhnung gekommen zu sein: »Es standen aber bei dem Kreuze Jesu seine Mutter und die Schwester seiner Mutter [...]. Als Jesus nun die Mutter und den Jünger, den er liebte, dastehen sah, sagte er zur Mutter: ›Frau, da ist dein Sohn‹. Dann sagte er zu dem Jünger: ›Da ist deine Mutter!‹ Und von jener Stunde an nahm sie der Jünger zu sich.« (Jo 19,25–27)

Mehr wissen die Evangelien nicht zu berichten. Doch die gläubige Überlieferung füllte bald die Lücke, die der wortkarge Bericht offenläßt. Die Kirchenkunst machte die Kreuzabnahme zum Anlaß, den Leichnam Jesu auf dem Schoß seiner leidgeprüften Mutter ruhen zu lassen. Die Symbolik konnte kaum klarer sprechen: Derselbe Mutterschoß, der ihn einst mit Schmerzen in die Welt hinein gebracht hatte, dient ihm nun als letzte irdische Ruhestatt. In brisantem Kontrast zu dem ruhenden Tod steht das vom schmerzensreichen Leben gezeichnete Haupt Mariens.

In Tausenden von Statuen und Bildnissen der Pietà in Kirchen aller Weltteile bricht das stumme Leid aus der liebevollen Gebärde dieser jüdischen Schmerzensmutter – stellvertretend für unzählige ihrer Leidensgefährtinnen –, während ihr entschlafener Sohn alle irdische Hinfälligkeit zum ergreifenden Ausdruck bringt.

II Unter den Freunden

7 Jesus liebt

Du sollst deinen Nächsten lieben wie dich selbst!
(Lev. 19,18 – Mk 12,31 – Mt 19,19)
Jesus hatte Martha lieb. (Joh 11,5)
Jesus aber blickte ihn an und gewann ihn lieb. (Mk 10,21)
Größere Liebe hat kein Mensch als die, daß er sein Leben hingibt für seine Freunde. (Joh 15,13)
Ihr sind viele Sünden vergeben, denn sie hat viel geliebt.
(Lk 7,47)

Gottesliebe, Nächstenliebe und eheliche Liebe kommen in der Muttersprache Jesu, genau wie im Deutschen, mit ein und derselben Vokabel zum Ausdruck, um die Dreieinigkeit aller Liebe zu verdeutlichen. »Ist es nicht groß und gut,« schreibt Thomas Mann in seinem Roman »Der Zauberberg«, »daß die Sprache nur ein Wort hat für alles, vom Frömmsten bis zum Fleischlich-Begierigsten, was man unter Liebe verstehen kann? Liebe kann nicht unkörperlich sein in der äußersten Frömmigkeit, und nicht unfromm in der äußersten Fleischlichkeit. Sie ist immer sie selbst.«
Und so steht in der Mitte der Liebeslehre Jesu das Bibelwort: »Darum wird der Mensch Vater und Mutter verlassen und wird seinem Weibe anhangen und die zwei werden sein ein Fleisch« (Mk 10,7).
Dieser Satz aus dem 1. Buch Mose (Gen 2,24), den Jesus wörtlich zitiert, enthält ein unzweideutiges Bekenntnis zur ganzheitlichen Liebe, die keine Spaltung kennt zwischen Geist und Leib. Jesus sagt *nicht:* Mann und Frau sollen eine Seele oder ein Geist werden, sondern »ein Fleisch«, womit er auch die Körperlichkeit der Liebe bejaht.
In der Tat ist Jesu Einstellung zur Frau und zur Weiblichkeit frei

von Prüderie jedweder Art. So kann er bei der Hochzeit zu Kana fröhlich mit dem Brautpaar mitfeiern, und weiß die Freude der Hochzeitsgäste mit Wein zu fördern (Joh 2,1ff.). Es gibt nicht nur einen Lieblingsjünger, der beim letzten Abendmahl »bei Tisch an der Brust Jesu lag« (Joh 13,23), sondern auch eine Lieblingsjüngerin, von der es heißt: »Jesus aber hatte Martha lieb« (Joh 11,5). Unbefangen läßt er sich von Frauen einladen (Lk 10,38), belehrt Frauen in religiösen Angelegenheiten (Lk 10,39ff.) und läßt sich sowohl von verheirateten (Johanna, die Frau des Chusa, vgl. Lk 8,3) als auch von unverheirateten Frauen begleiten, betreuen und finanziell unterstützen (Lk 8,1–5).

Aufschlußreich ist die Schilderung der Annäherungsversuche einer »Sünderin« im Hause seines Freundes Simon, die selbst dem toleranten Gastgeber zu weit gehen (Lk 7,37–38). Jesus nimmt die Frau in Schutz: »Und sich zu der Frau hinwendend, sprach er zu Simon: Siehst du diese Frau? [...] Sie hat mit ihren Tränen meine Füße benetzt, und sie mit ihren Haaren getrocknet [...], sie hat nicht aufgehört, meine Füße zu küssen [...] und hat sie mit Salböl gesalbt« (Lk 7,44–46).

Obwohl diese »Sünderin« nicht das geringste mit Maria Magdalena zu tun hat, hat die spätere Volksfrömmigkeit die beiden Frauen zu einer Person vereint. Wie dem auch sei, fest steht, daß alle vier Evangelien berichten, Maria Magdalena habe Jesus am nächsten gestanden, sei während seiner Wanderjahre seine verständnisvolle Begleiterin gewesen, habe ihm auch auf dem letzten Leidensweg die Treue bewahrt und sei unter dem Kreuz gestanden bis zu seinem Verscheiden. Nicht zuletzt habe sie das leere Grab entdeckt (Mt 28,1; Joh 20,1) und sei als erste dem Auferstandenen begegnet (Mk 16,9; Joh 20,11–18) – was wohl auf eine außergewöhnliche Verbundenheit mit Jesus hinweist.

Martin Luther, der davon ausging, Jesus sei verheiratet gewesen, »um der menschlichen Natur vollauf teilhaftig zu werden« (Tischreden I,216 nach Bornemann), nimmt an, daß Maria Magdalena seine Gattin gewesen sei. Eine gewisse Bestärkung findet diese unbewiesene Annahme im apokryphen Philippus-

Evangelium, in dem es heißt: »Die Frauen wandelten mit dem Herrn alle Zeit: Maria, seine Mutter, deren Schwester und Magdalena, die seine Paargenossin genannt wird [...] Maria Magdalena liebte der Heiland mehr als alle Jünger und er küßte sie oftmals auf ihren Mund. Die übrigen Jünger kamen zu ihr und machten ihr Vorwürfe. Zu ihm aber sagten sie: Weshalb liebst du sie mehr als alle?« (Evangelium des Philippus § 32,55b)

Die Umstände des Verfolgtseins, der steten Wanderschaft und seines prophetischen Sendungsauftrags legen es nahe, daß Jesus – aus Verantwortungsgefühl – keine eheliche Bindung eingegangen ist.

Desungeachtet steht fest, daß wir im ganzen Neuen Testament kein Jesuswort gegen die Leibesliebe als menschliche Erfahrung finden; vieles in seinem Lehrgut hingegen bejaht die Ehe und die Sexualität als göttliche Liebesgabe.

Er war vom Urquell der Liebe derart durchdrungen – zu allen Menschen und Geschöpfen Gottes –, daß er sie in ihrer ganzen Vielfalt als das Wirken Gottes erkannt, gelebt und verkündet hat.

8 Jesus ist zärtlich

Und er umarmte und segnete die Kinder, indem er ihnen die Hände auflegte. (Mk 10,16)
Sie trat an seine Füße heran, und begann sie mit ihren Tränen zu benetzen, trocknete sie mit den Haaren ihres Hauptes, küßte seine Füße und salbte sie mit Salböl. (Lk 7,38)
Da schaute Jesus ihn an, und gewann ihn lieb und sprach zu ihm. (Mk 10,21)
Einer von seinen Jüngern lag bei Tisch an der Brust Jesu, der, den Jesus liebte. (Joh 13,23)
Er aber nimmt das Kind bei der Hand und sagt ihr: Mädchen steh auf! (Mk 5,41)

Zärtlichkeit als Zeichen der Zuwendung gehört zur Tiefendimension des Menschseins. Und wie alles Tiefe in unserem Innersten bedarf es des Mutes, um es ans Tageslicht zu bringen.
Diesen Mut besaß Jesus. Er herzte und umarmte Kinder; er ließ sich von einer Frau die Füße liebkosen; er schaute einen reichen Jüngling liebevoll an; er legte Kranken die Hand auf und streichelte sie; er ließ Johannes an seiner Brust ruhen und nahm eine Ehebrecherin in Schutz. Für die armen Teufel, die zu kurz Gekommenen, die ungeliebten Randsiedler der Gesellschaft, hatte er stets ein freundliches Wort, einen verständnisvollen Blick, einen warmen Handdruck.
Ich kann dir nicht viel helfen, so sagten ihnen seine Augen, aber mich einfühlen in deine Not, mittragen an deinem Leid, das möchte ich gerne. Stille und doch beredte Zeichen der Zärtlichkeit, die die Scheu des Zu-nahe-Tretens überwinden, um Geborgenheit auszustrahlen und Ermutigung zu spenden – darin war Jesus ein wahrer Leuchtturm inmitten eines Tränenmeeres.
Wortlos wußte er den Nächsten zu überzeugen: Da ist jemand,

der dich ernst nimmt und es gut mit dir meint – so wie du bist. Auch du darfst hoffen, du kannst glauben, weil Gott dich lieb hat.

In unserer sachlich-kalt gewordenen Welt ist das Gespür für all jene Zwischentöne der Zärtlichkeit, die das Leben menschlicher gestalten, verloren gegangen. Ein herzliches Zunicken, ein warmes Lächeln, ein paar Schritte Begleitung – wie wohltuend all dies wirken kann! In dieser fast verlernten Kunst der kleinen Liebesschritte könnte Jesus wieder unser Lehrer werden.

9 Jesus der Menschenkenner

Und er [Jesus] ging hinein und zog durch Jericho. Und siehe, da war ein Mann namens Zachäus, und der war ein Oberzöllner, und war reich. Und er suchte Jesus zu sehen, und er konnte es nicht vor der Volksmenge, denn er war klein von Gestalt. Und er lief voraus und stieg auf einen Maulbeerfeigenbaum, damit er ihn sähe, denn er sollte dort durchkommen. Und als es an den Ort kam, sah Jesus auf und erblickte ihn und sprach zu ihm: »Zachäus, steige eilends herab, denn heute muß ich in deinem Haus bleiben!« Und er stieg eilends herab und nahm ihn auf in Freuden. Und als die Leute es sahen, murrten alle und sagten: »Er ist eingekehrt, um bei einem Sünder zu herbergen!« Zachäus aber stand auf und sprach zu Jesus: »Siehe, Herr, die Hälfte meiner Güter gebe ich den Armen, und wenn ich von jemand etwas durch falsche Anzeige genommen habe, so erstelle ich es vierfältig.« Jesus aber sprach zu ihm: »Heute ist diesem Haus Heil widerfahren, weil auch er ein Sohn Abrahams ist.«
(Lk 19,1–9)

Jesus war kein Durchschnittsmensch, wenn es überhaupt so etwas je gegeben hat. Was ihn zwischen Krippe und Kreuz geprägt hat, ist zwar nicht außergewöhnlich, wohl aber einzigartig – wie jedes Menschenschicksal. Arm geboren, gejagt von Kindheit an, wurde er vom Leben gebeutelt und hatte tausend Gründe, um an der Welt zu verzweifeln. Dennoch liebte er das Erdendasein wie kaum ein anderer. Verkannt, verspottet und verfolgt, hatte er tausend triftige Gründe, um an Gott zu zweifeln, und dennoch erspürte er die Liebe und die Nähe Gottes wie nur wenige. Von Menschen belogen und betrogen, von Freunden verlassen und von Gegnern preisgegeben, hatte er tausend Gründe, um den Schwächling Mensch in all seiner Fragwürdigkeit zu durchschauen. Und dennoch verlor er nie den Glauben an den Adel des Menschentums, ohne je seine Augen zu verschließen für die Schattenseiten seiner Mitmenschen. Kurzum, er war weder ein Schwärmer des Wunschdenkens, noch ein griesgrämiger Misanthrop, sondern ein ausgewogener Menschenkenner – mit einem unverkennbaren Hauch von Sympathie für die kleinen Leute: »Die Könige der Völker herrschen über sie, und die die Gewalt über sie ausüben, lassen sich Wohltäter nennen« (Lk 22,25), so prangert er die Heuchelei der Machthaber an.

»Suche den Ausgleich mit deinem Gläubiger, noch bevor er dich vor Gericht stellt«, so lautet sein realistischer Ratschlag für die verschuldeten Tagelöhner, »sonst läßt er dich ins Gefängnis werfen, und du wirst nicht von dort herauskommen, bis du auf den letzten Pfennig bezahlt hast« (Mt 5,26).

Dieselbe Weltweisheit wendet er bei Zachäus an. Die römische Besatzungsmacht hatte das Land Israel in Zollgebiete eingeteilt die an Steuerpächter für bestimmte Summen verpachtet wurden. Was diese sogenannten »Zöllner« über den festgesetzten Betrag aus den Bewohnern ihres Bezirkes »eintreiben«, oder – besser gesagt – herauspressen konnten, war eigentlich ihre Privatsache. Als Oberzöllner hatte Zachäus etliche solcher Eintreiber unter sich und war reich geworden, was auf legalem Wege so gut wie unmöglich war. Und in der Tat, das Volk verachtete diese »Zöllner« sowohl als käufliche Schergen der Heidenherrscher, als auch als skurpellose Ausbeuter ihrer eigenen Landsleute. Da sie aber sowohl die Macht als auch das römische Recht auf ihrer Seite hatten, wagte niemand, ihnen das Handwerk zu legen.

Es sei denn, ihr Gewissen plagte sie, und sie waren auf der Suche. Als solcher lernt Jesus den Zachäus kennen, dessen übler Leumund ihn bereits zuvor erreicht hatte. Glaube beginnt immer mit der Suche nach irgendetwas, was jemandem abgeht, ohne daß er richtig weiß, was es ist. Und so »sucht« Zachäus den berühmten Rabbi kennenzulernen, der auf der Durchreise ist. Doch auf dem Marktplatz waren bereits so viele Leute versammelt, die Jesus

auch sehen wollten, daß er gar nichts zu sehen bekam. Er war klein von Statur, und die Leute verstellten ihm die Sicht; hier und dort versuchte er zwar hochzuspringen, aber ohne Erfolg – er kam sich noch kleiner vor als zuvor. In seiner Verzweiflung sah er den Baum am Wegrand, ließ alles stehen und liegen und kletterte hinauf, so rasch er konnte. Nun hatte er endlich die Warte, die er gesucht hatte.
Da kommt auch schon Jesus, begleitet von seinen Jüngern, sieht den Oberzöllner, durchschaut seine Not im Nu und ruft ihm zu: »Komm schnell runter; ich muß heute bei dir einkehren!« Vor Schreck wäre Zachäus fast heruntergefallen, als er begriff: Dieser Rabbi kennt mich und weiß, was mir fehlt. Als Zachäus herabgeklettert war, murrten die Leute voll Empörung: »Zu dem Sünder und Betrüger will Jesus gehen?« Unbeirrt öffnet der Zöllner sein Haus vor dem Gast und bewirtet ihn und die Jünger mit einem üppigen Festmahl. Außer dem Brotsegen aber sagt Jesus kein Wort. Wartend blickt er seinen Gastgeber an – bis es beim Nachtisch so weit ist:
»Herr, ich versprech dir, die Hälfte meiner Güter gebe ich den Armen«, so sprudelt es aus ihm heraus. Wer hätte das von einem Mann erwartet, der bis vor kurzem geizig über jeden Groschen Rechnung führte und es mit der Redlichkeit nie so ganz ernst genommen hatte. Ihm wurde keine Moralpredigt gehalten, noch hatte man ihn zu irgendetwas aufgefordert. Doch Jesus spürte, daß er unzufrieden mit sich selbst war – bettelarm an Einsicht mitten in all seinem Reichtum. Da gab er ihm den Anlaß zur Sicht nach innen. Und urplötzlich ging dem Zachäus ein Licht auf – über sich selbst, seine Habsucht, die Feindseligkeit der Leute und ihre Armut, an der er mitschuldig war.
»Jedem, den ich betrogen haben, will ich es vierfältig wieder erstatten«, so hört er sich selbst erklären. Es drängt ihn aufzuräumen in seinem Leben und die Dinge in Ordnung zu bringen. Er hat einen Stoß in sein Innerstes bekommen, was zu einer neuen, folgenschweren Selbsterkenntnis geführt hat. Jesus verhalf ihm zur Einkehr – als erster Schritt zur Umkehr zu Gott.
Solche Seelsorger bräuchten wir alle heute dringlich. Männer,

die ohne Bußpredigt oder lange Klagelieder ihre Gemeinde zurückzurufen imstande sind – durch ihr Vorleben, nicht durch Nachplappern prophetischer Ethik und biblischen Glaubens.

10 Jesus und die Heiden

So sprecht also nicht in Sorge: Was werden wir essen? Was werden wir trinken? Womit werden wir uns bekleiden? Um all dies kümmern sich die Heiden. (Mt 6,31f.)

Wenn mich etwas an Jesus befremdet, so ist es seine hie und da aufblitzende jüdische Exclusivität:
»Ich bin *nur* zu den verlorenen Schafen des Hauses Israel gekommen!« So sagt er der kanaanäischen Frau, die ihn bittet, er möge doch ihre kranke Tochter heilen. »Kinder« und »Brüder« nennt Jesus liebevoll die Seinen; seine Jünger spricht er an als »das Salz der Erde« (Mt 5,13), als »das Licht der Welt« (Mt 5,19) und als »die Söhne des Reiches« (Mt 8,12) an. Die Heiden hingegen sind gemeint, wenn er davor warnt, das Heilige nicht »den Hunden« zu geben, noch Perlen vor »die Säue« (Mt 7,6) zu werfen – zwei damals landläufige Schimpfnamen für Römer und Götzendiener.
Ebenso warnt er seine Jünger, »nicht auf den Weg zu den Heiden zu gehen noch eine Stadt der Samariter zu betreten; geht vielmehr zu den verlorenen Schafen des Hauses Israel« (Mt 10,5).
Auch ansonsten fehlt es nicht an abschätzigen Bemerkungen gegenüber Nichtjuden:
»Und wollt ihr nur eure Brüder grüßen, was tut ihr da Besonderes? Handeln denn nicht auch die Heiden ebenso?« (Mt 5,47) – was heißen will: Könnt ihr Juden denn nicht besser sein als diese engstirnigen Heiden?
»Hört dein Bruder nicht auf diese Zeugen, so sage es der Gemeinde. Hört er jedoch auch auf die Gemeinde nicht, dann gelte er Dir wie ein Heide,« (Mt 18,17) – was einer Ausstoßung gleichkommt.
»Wenn ihr aber betet, so plappert nicht daher wie die Heiden.

Denn sie meinen erhört zu werden, wenn sie viele Worte machen. Macht es also nicht wie sie!« (Mt 6,7–8)
Wie stark und lebendig muß doch in der Urgemeinde die Überlieferung dieser Jesusworte gewesen sein, daß weder Markus (7,24–27) noch Matthäus (15,21–26) umhin konnten, sie viel später auf Griechisch zu berichten, obwohl sie doch der universalen Heilsbedeutung Jesu Abbruch zu tun scheinen.

III Zwischen Lachen und Weinen

11 Jesus scherzt

Selig, die ihr jetzt weint, denn ihr werdet einst lachen.
(Lk 6,21)

Lachen, lächeln, schmunzeln, grinsen und kichern fehlen im Neuen Testament – mit der Ausnahme der einen Stelle in der Bergpredigt, wo den Weinenden künftiges Lachen verheißen wird.
Hat denn Jesus nie gelacht? Oder haben die Evangelisten seine Heiterkeit vor lauter Ehrfurcht totgeschwiegen? Das letztere scheint der Fall zu sein, denn Spuren von Humor finden wir in seinen Worten des öfteren. »Wer Ohren hat, der höre!« (Mt 11,15), sagt er, um scherzhaft anzudeuten, daß Hören allein nicht genügt; man muß auch gut zuhören! »Was siehst du den Splitter im Auge des Bruders, aber den Balken nicht im eigenen Auge?« (Mt 7,5) Das kühne Gleichnis faßt eine ganze Moralpredigt in einem Bild zusammen. Noch unmöglicher, aber umso reizvoller ist der Vorwurf an seine Gegner: »Ihr siebt die Mücke heraus und verschluckt das Kamel« (Mt 23,24), wobei dasselbe Höckertier auch den reichen Jüngling frappiert: »Eher geht ein Kamel durch ein Nadelöhr, als daß ein Reicher in das Reich Gottes kommt« (Mt 19,24).
Immer wieder ist die Lehre in Komik eingekleidet, die gewitzt und gelassen eine Idee mit der Realität kontrastiert – bis hin zur Absurdität, um dann die Spannung durch ein Lächeln zu entladen. So heißt es aus seinem Munde: »Die Steine werden schreien« (Lk 14,90) (nicht nur reden!). »Eure Perlen sollt ihr nicht vor die Säue werfen« (Mt 7,6). »Kann man bei einer Hochzeit fasten?« (vgl. Mt 9,15). Paßt denn »ein neuer Fleck auf ein altes Kleid?« (Mt 9,16) Wehe, wenn »ein Blinder einen Blinden führt« (Mt 15,14). So lasset »die Toten ihre Toten

begraben« (Mt 8,22). In dieser Weise fließt die Ironie, die schlagfertig entwaffnet, nie verletzt, aber geschickt ihre Pointe hervorhebt. Kurzum, Jesus macht keine Witze, aber er hat Humor.

12 Jesus irrt sich

Ihr werdet mit den Städten Israels nicht zu Ende kommen, bis der Menschensohn kommt. (Mt 10,23)
Wahrlich, ich sage Euch: Unter denen die hier stehen, sind einige, die den Tod nicht kosten werden, bis sie den Menschensohn mit seinem Reich kommen sehen. (Mt 16,28)
Dieses Geschlecht wird nicht vergehen, bis dies alles geschehen sein wird. (Mk 13,30)

Jesus lebte in der festen Überzeugung, daß das messianische Zeitalter vor dem Anbruch stehe, und daß die »Weltzeit« so gut wie abgelaufen war. Als aber die ersten zwei Generationen der Christen ausgestorben waren, regten sich bedrängende Fragen: »Wo ist denn die Verheißung seiner Ankunft? Denn seitdem die Väter entschlafen sind, bleibt alles so, wie es seit Anfang der Schöpfung gewesen ist« (2 Petr 3,4).
Da die unzweideutigen Voraussagen Jesu der unmittelbar bevorstehenden Endzeit bis heute nicht eingetroffen sind, noch irgendwelche Anzeichen ihre baldigen Erfüllung annehmen lassen, bleibt uns wohl nichts anderes übrig, als endlich zuzugeben, daß Jesus sich geirrt hat.
»Es bedarf keines Wortes, daß sich Jesus in der Erwartung des nahenden Endes getäuscht hat,« so folgert Rudolph Bultmann, der evangelische Theologe, und Karl Rahner, sein katholischer Kollege, gibt zu, daß »man von einem Irrtum in der Naherwartung Jesu sprechen kann.«
Da Irren, wie bekannt, menschlich ist, durfte der Mensch Jesus sich auch irren. Das vermag weder seine Seelengröße noch seine Ausstrahlungskraft im geringsten zu schmälern.

13 Jesus wird ausgelacht

Da lachten sie Jesus aus. (Mk 5,39)
... Und sie verlachten ihn. (Mt 9,24)

Die Tochter des Synagogenvorstehers liegt im Sterben; der verzweifelte Vater wendet sich an Jesus um Hilfe. Ehe dieser jedoch ihr Krankenbett erreichen kann, verbreitet sich bereits die Kunde: Das Kind ist schon gestorben! Zuerst spricht Jesus dem niedergeschlagenen Vater Mut zu: Keine Angst vor dem Gerede der Leute! Noch ist das Schlimmste nicht geschehen! Vertraue doch auf Gott!
Doch das Getümmel vor dem Haus läßt das Ärgste befürchten: Die Klageweiber heulen bereits und bereiten die Totenklage vor. Jesus verscheucht ihr Gejammer, tritt in das Haus und verschafft sich mit einer gebietenden Handbewegung Ruhe. Wie ein erfahrener Arzt untersucht er das Kind, stellt fest, daß es nur bewußtlos ist und teilt dem Vater mit: »Das Kind ist nicht gestorben, sondern es schläft« (Mk 5,39). Hierauf heißt es ganz unverhofft: »Da lachten sie Jesus aus.«
Was mag wohl dieses Gelächter ausgelöst haben? Eine große Spannung, die sich nun erleichtert Luft macht? Die Enttäuschung der Klageweiber, die nur widerwillig ihre Voreiligkeit zugeben wollen? Unglaube an der tröstlichen Diagnose Jesu?
Wie dem auch sei, Jesus läßt sich nicht beirren, sondern faßt das scheintote Kind energisch bei der Hand und ruft ihr zu: »Mädchen, steh auf! [...] Und sogleich stand sie auf und ging umher« (Mk 5,42).
Bei Markus, dem ältesten Evangelisten, wird dieser Vorgang noch als gelungene Krankenheilung geschildert, während sie später bei Matthäus und Lukas, im Sog des Weitererzählens bereits zur Totenerweckung aufgewertet wird. Doch das gehört auf ein anderes Blatt.

Was hier auffällt, daß die Volksmenge, überall und allezeit, berühmte Männer gerne bei Fehlern ertappt, um sich lustig über sie zu machen oder sie gar öffentlich auszulachen. Auch Jesus konnte diesem Hang zum Gespött nicht entgehen. Doch sowohl die Annahme vom Tod des Mädchens als auch das Auslachen Jesu erwiesen sich, wie so oft, als unbegründet. Jesus mag sehr wohl seine Auslacher schweigend belächelt haben, doch die Evangelisten haben diese menschliche Reaktion aus ihren Berichten weggelassen.

Schade! Denn wer zuletzt lacht, lacht ja am besten.

14 Jesus widerspricht sich

Wer nicht gegen euch ist, der ist für euch. (Lk 9,50)
Wer nicht mit mir ist, der ist gegen mich. (Lk 11,23)
Ehre Vater und Mutter! (Mt 15,4)
Wer nicht Vater und Mutter [...] haßt, kann nicht mein Jünger sein. (Lk 14,26)
Selig sind die Friedensstifter, denn sie werden Söhne Gottes heißen. (Mt 5,9)
Ich bin nicht gekommen, Frieden zu bringen, sondern das Schwert. (Mt 10,34)
Richtet nicht, auf daß ihr nicht gerichtet werdet! (Mt 7,1)
Ihr werdet [...] richten die 12 Stämme Israels. (Mt 19,28)
Wer sich selbst erhöht, wird erniedrigt werden. (Mt 13,12)
Ihr seid von dem was Unten ist; ich bin von dem was Oben ist. (Joh 8,23)
Jeder der seinem Bruder zürnt, wird dem Gericht verfallen sein. (Mt 5,22)
Ich bin gekommen, den Menschen zu entzweien mit seinem Vater, und die Tochter mit der Mutter. (Mt 10,33)

Es gibt mehrere Widersprüche unter den Worten Jesu, die vielen Theologen unnütze Kopfschmerzen verursachen, da sie pflichtbeflissen der Meinung sind, sie müßten diese Ungereimtheiten um jeden Preis harmonisieren – auch wenn es dabei exegetischer Akrobatik bedarf. Kurzum, keine Mühe darf gescheut werden, um das Jesusbild vor jedem Makel der normalen Menschlichkeit zu bewahren.
Ich glaube hingegen, daß Jesus die meisten dieser Widersprüche wirklich »begangen« hat; daß also seine Jünger, ehrfürchtig und getreu, sie korrekt überliefert haben, und daß die späteren Evangelisten in ihrer Verehrung für den Auferstandenen keinen seiner Sprüche wesentlich zu ändern wagten.

Ganz im Gegenteil. Diese Widersprüche müssen ihnen zumindest so wehgetan haben wie den späteren Kirchenvätern. Warum haben sie sie dann nicht geglättet, umfunktioniert oder behutsam zurecht gebogen? Höchstwahrscheinlich aus Pietät und Treue zum überlieferten Text – vielleicht aber weil sie, wie ich, der Meinung waren, daß große Leuchten hie und da auch das Recht haben, kleine Fehler zu begehen. Nur kleinkarierte Geister haben immer recht und bleiben zeitlebens unfehlbar und tadellos.
Jesus hingegen hatte, im Zuge seiner Reifewerdung, den Mut zum Umdenken und Dazulernen sowie die Courage zur Inkonsequenz, – wenn es die Situation erforderte.
So war auch Jesus in all seiner überragenden Menschlichkeit ein fehlbarer Gottesmann.

15 Jesus gibt sich geschlagen

Und Jesus ging von dort weg und zog sich in die Gegenden von Tyrus und Sidon zurück, und siehe, eine kanaanäische [oder: syro-phönizische] Frau aus jenem Gebiet kam herbei, schrie und sprach: Erbarme dich meiner, Herr, Sohn Davids! Meine Tochter ist schlimm besessen. Er aber antwortete ihr mit keinem Wort. Und seine Jünger traten herzu und baten ihn und sprachen: Entlaß sie, denn sie schreit hinter uns her! Er aber antwortete und sprach: Ich bin nur gesandt zu den verlorenen Schafen des Hauses Israel. Sie aber kam und warf sich vor ihm nieder und sprach: Herr, hilf mir! Er aber antwortete und sprach: Es geziemt sich nicht, das Brot der Kinder zu nehmen und den Hunden hin zu werfen. Sie aber sprach: Ja, Herr; doch es essen ja auch die Hunde von den Krumen, die von dem Tisch ihrer Herren fallen. Da antwortete Jesus und sprach zu ihr: Oh Frau, Dein Glaube ist groß. Dir geschehe wie Du willst! Und ihre Tochter war geheilt von jener Stunde an. (Mt 15,21–28)

Des öfteren wird uns in den Evangelien von Streitgesprächen Jesu mit den Pharisäern und den Schriftgelehrten berichtet, die entweder ergebnislos verlaufen oder in einem klaren Sieg des Nazareners enden. »Er stopfte ihnen den Mund,« so heißt es dann, oder: »Darauf wußten sie nichts zu antworten.« Daß es sich dabei um die damals üblichen Lehrgespräche handelt, die der jüdischen Einsicht entspringen, daß der Monolog der schlechteste Weg zur Wahrheitsfindung sei, der freimütige Dialog hingegen der allerbeste – das wird dem Leser leider verschwiegen. Was auffällt, ist die Besorgnis der Evangelisten, die Würde Jesu könnte bei solchen Debatten Einbuße erleiden, so daß er immer alles besser weiß, stets recht hat und das letzte Wort behält.
Um so erfrischender wirkt das Gespräch Jesu mit der Kanaanäerin (oder: Syro-Phönizerin), wo endlich einmal sein Gegner Recht

behält; eine Frau noch dazu, mehr noch: eine Heidin, und Jesus den kürzeren zieht. Ihr geht es um die Heilung ihrer kranken Tochter, und um das zu erreichen, ist sie als Mutter bereit, zähe zu ringen, keine Ablehnung als endgültig zu akzeptieren und auch Demütigungen in Kauf zu nehmen. Diese bleiben ihr in der Tat auch nicht erspart. Zuerst versucht Jesus, sie zu ignorieren (Mt 15,23); dann weist er sie schroff ab (Mt 15,24) und zuletzt beleidigt er sie noch, indem er die Heiden mit »Hunden« vergleicht (Mt 15,26), denen »das Brot der Kinder [Israels]« nicht zusteht.
Doch die Frau gibt nicht auf. Sie tut im Grunde nichts anderes, als viele Leitgestalten der Hebräischen Bibel. Sie ringt um ihre Zukunft, mit dem, den sie für den Sohn Davids hält. Das Vertrauen auf Gott, den Lebendigen Gott, der Leben schenkt, kann auch erfordern, daß man sich gegen das scheinbar Unausweichliche zur Wehr setzt, und sich gegen theologische Einengungen, wie etwa das vermeintliche Heilsmonopol irgendeiner Religion, auflehnt. Wer auf die Güte Gottes baut, so will die Frau bezeugen, muß sich nicht mit dem Unverfügbaren begnügen. Und nach dreifacher Zurückweisung hat der Rabbi von Nazaret die Botschaft endlich verstanden. Die Heidin argumentiert im Grunde gut biblisch – und Jesus gibt sich geschlagen. Eine armselige Kanaanäerin erweitert sein Gottesverständnis. Stillschweigend erinnert sie ihn, den Sohn Abrahams, an die Berufung, die einst an Abraham erging, »ein Segen für alle Völker zu werden« (Gen 12,3), womit die Gnadenliebe Gottes ein für alle Mal entschränkt wird, um alle Menschenkinder zu umarmen.
Hier haben wir es mit einem wesentlichen Zug der Seelengröße Jesu zu tun. Denn nur einer, der sich belehren läßt, am Leben heranreift, alte Vorurteile abzulegen bereit ist und ein ewig Suchender bleibt, nur solch ein Lebemeister kann sein Lehrgut der ganzen Menschheit vermachen.
Läge hier nicht auch ein Denkanstoß für christliche Pädagogen? Ein Jesus, der, wie Abraham, David und Moses, bereit ist, Irrtümer zuzugeben – wäre er für die heutige Jugend nicht lebensnäher, vorbildlicher und leichter zu lieben, als ein unfehlbarer Tugendengel, der im Himmel wohnt?

16 Jesus hungert und dürstet auf der Flucht

Als es noch sehr dunkel war, stand er auf, ging hinaus, und entwich *an einen einsamen Ort.* (Mk 1,35)
Er (Jesus) aber entwich *in die Einöde.* (Lk 5,16)
Jesus war entwichen, *weil eine große Volksmenge an dem Ort war.* (Joh 5,13)
Jesus entwich *abermals auf den Berg, er allein.* (Joh 6,15)
Und Jesus entwich *mit seinen Jüngern an der See.* (Mk 3,7)
Als aber Jesus es [die Ränke seiner Gegner] erkannte, entwich *er von dort.* (Mt 12,15)
Zur selben Stunde kamen etliche Pharisäer zu ihm [Jesus] und sprachen zu ihm: Gehe fort und entweiche *von ihnen, denn Herodes will Dich töten.* (Lk 13,31 f.)

Von Jesu Wirksamkeit in Galiläa entfällt ein großes Stück auf eine merkwürdige Zurückgezogenheit, ja, eine seltsame Scheu vor der Öffentlichkeit, die er zu meiden bemüht war. Bezeichnend ist bereits sein Verhalten nach seinem ersten Auftritt in Kafarnaum (Mk 1,35).
Die Eile, die Heimlichkeit des Aufbruches und der Schutz der Dunkelheit und das Entweichen kehren immer wieder.
Wer mit der sprichwörtlichen Habsucht, Grausamkeit und Unterdrückung des herodianischen Regimes jener Tage vertraut ist, kann leicht verstehen, daß Jesus, als Bergprediger und Verkündiger der Gottesherrschaft nur als Flüchtling in seiner Heimat überleben konnte – ständig unterwegs, immer gefährdet, den Unbillen des Wetters, der dauernden Verunsicherung und den Nachstellungen der Spitzel und Schergen seines Landesherren ausgesetzt.
»Selig sind die, die hungern und dürsten!« (Mt 5,6) So muß er seinen Jüngern häufig Mut zugesprochen haben, und mit knur-

rendem Magen verspricht er ihnen: »Wohl Euch, ihr Hungernden, denn ihr sollt satt werden!« (Lk 6,20f.) Denn auch Jesus selbst scheint des öfteren gehungert zu haben (Mt 4,2). Den besten Beweis dafür liefert die Episode vom sabbathlichen Ährenraufen (Mt 12,1–5) – eine mühselige Weise, den Hunger zu stillen, derer sich nur jemand bedient, der guten Grund hat, nicht ins nächste Dorf zu gehen, um Brot zu kaufen. Auf eben diese Flucht vor den Machthabern weist Jesus hin im Plädoyer seiner Jünger, die er mit dem jungen David und seinen Gefolgsleuten vergleicht, als sie auf der Flucht vor König Saul sich von Weihebroten des Altars ernähren mußten (Mt 12,3–4). In beiden Fällen geht es um eine ansonsten verbotene Art der Ernährung – das Ährenraufen am Sabbath und die Weihebrote vom Altar –, die jedoch im Falle von Lebensgefahr als legitim galten.

»Ich war krank [...], ich war durstig [...], ein Fremder [...], in Gefangenschaft,« (Mt 25,35 ff.) – diese Worte Jesu sind nicht als erbauliches Gleichnis gemeint, sondern umreißen ganz unverblümt das ganze Elend seines Judenschicksals. Von der armseligen Geburt in Bethlehem, die Flucht nach Ägypten, die Rückkehr aus dem Exil, die Bergpredigt als Rebellion der Liebe und der Gewaltlosigkeit, die Verfolgung des Herodes, sein Himmelbestürmen in der Heiligen Stadt, sein Prozeß vor dem brutalen Heidenherrscher Pilatus, der Hohn und Spott der grausamen römischen Söldner, die Peitschenhiebe, das Kreuztragen bis hin zum blutigen Golgota – all dies klingt wie die Verkörperung der zweitausendjährigen jüdischen Leidensgeschichte bis in unsere Tage hinein.

Ist dieser hungernde, leidende und zuletzt am Heidenkreuz verblutende Rabbi nicht die Inkarnation seines ganzen Volkes, das gepeinigt und verhöhnt, immer wieder am Kreuz des Judenhasses ermordet wird?

Juden – die ersten Opfer jeder Ungerechtigkeit und Lieblosigkeit, die ewig Verfolgten, Gequälten und Geschundenen, die sich im heiligen Rest immer wieder zu behaupten vermochten – allein Kraft ihres Glaubens an ihren Himmlischen Vater – welch

treueres Sinnbild gibt es für solch ein Hiobsvolk als die Gestalt des tragischen Nazareners?!
Das Leid, der Glaube und die Hoffnung gegen alle Hoffnung – sie verbinden auf ewig Rabbi Jesus und sein Volk in einer Schicksalsgemeinschaft von heilsgeschichtlicher Sinntiefe und Bedeutsamkeit.

17 Jesus weint

Sobald nun Maria dahin kam, wo Jesus weilte, und ihn sah, fiel sie ihm zu Füßen mit den Worten: »Herr, wärest Du hier gewesen, dann wäre mein Bruder nicht gestorben.« Als Jesus nun sah, wie sie weinte, und die mit ihr gekommenen Juden weinten, war er im Innersten erschüttert und geriet in Erregung und sagte: »Wo habt Ihr ihn hingelegt?« Sie sagten zu ihm: »Herr, komm und sieh!« Da weinte Jesus. (Joh 11,32–35)
Und als er sich näherte und die Stadt Jerusalem sah, da weinte er über sie. (Lk 19,40)

»Jesus aber liebte Martha und ihre Schwester Maria und Lazarus ihren Bruder,« so lesen wir zu Anfang dieser Geschichte. Was wahre Liebe ist, hat uns ein Bauer in Galiläa gelehrt. Er saß mit anderen Bauern in einer Schenke und trank. Als sein Herz vom Wein bewegt war, sprach er zu seinem Nachbarn: »Sag mir, liebst du mich oder liebst du mich nicht?« Jener antwortete: »Ich liebe dich sehr.« Er aber sprach wieder: »Du sagst, ich liebe dich, doch du weißt nicht, was mir fehlt. Liebtest du mich in Wahrheit, dann würdest du es wissen.«
Diese wahre Liebe zu den Menschen, ihr Bedürfen zu spüren und ihr Leid zu tragen, besaß Jesus. Deshalb konnte er mit Maria um ihren Bruder weinen. Und so heißt es auch gleich darauf, aus dem Munde der Leute im Dorf: »Seht, wie lieb er ihn hatte!« (Joh 11,36).
Dieselbe innige Liebe beseelte Jesus auch für die Heilige Stadt, zu der er Jahr für Jahr hinauf zu pilgern pflegte (Lk 2,41). Anfänglich gelang es ihm, dank seiner schlangenklugen Taktik, zwischen der Militanz der Zeloten und dem Quietismus der Essener einen Mittelweg des passiven Widerstandes zu steuern, der versprach, daß »die Sanftmütigen das Land erben würden« (Mt 5,5).

Schrittweise konnte er bedächtige Gewaltlosigkeit in politischen Einfluß ummünzen, doch die Versuchung, zum Schwert zu greifen, erwies sich für allzu viele als unwiderstehlich. Und so kam es zu einem Teufelskreis von Zelotengewalt, römischen Repressalien und Volksempörung, dem die Friedenspartei in Jerusalem vergeblich entgegenzuwirken versuchte. Vergeblich blieben alle Mahnungen, daß »alle die zum Schwert greifen, durch das Schwert umkommen werden« (Mt 26,52). Als weltweiser Stratege erkannte Jesus, daß es nur eine Zeitfrage war, ehe die Verlockung zur Gewalt dem kleinen Judenstaat zum Verhängnis werden mußte.

»Meine Augen fließen über von Tränen, unaufhörlich, Tag und Nacht,« so hatte einst Jeremia (14,17) unter ähnlichen Umständen in Jerusalem geklagt.

Jetzt, mit dem drohenden Untergang des Zweiten Tempels und der nahenden Zerstörung Jerusalems vor Augen, konnte auch Jesus nicht umhin, in Tränen der Trauer auszubrechen.

In der historischen Rückschau muß festgestellt werden, daß Jesus die Lage in Israel richtig beurteilt hatte. Da man die Zurückhaltung der Friedenspartei nicht beherzigen wollte, kam es zum letzten jüdischen Krieg, der Eroberung Jerusalems durch Rom und dem Untergang des Judenstaates im Jahr 70.

Die Eiferer hatten mutig wie Löwen bis zum letzten gekämpft – anstatt »sanft wie die Tauben und klug wie die Schlangen« (Mt 10,16) zu handeln, wie Jesus es so eindringlich empfohlen und so vorbildlich vorgelebt hat.

Jesu Tränen aber, als prophetische Mahnung gegen die Gewalt – überall und zu aller Zeit – haben nichts an Aktualität eingebüßt.

IV Der ungewöhnliche Rabbi

18 Jesus der Rabbi

Ihr sollt euch nicht Rabbi nennen lassen; denn nur einer ist euer Meister [Rabbi], ihr alle aber seid Brüder. (Mt 23,8)

Jesus war ein »wahrer Mensch«, wie es die Evangelien und das Bekenntnis der Kirche bezeugen. Zum wahren Menschen aber gehören ein Stück Erde als Heimatboden, eine Muttersprache, eine bestimmte Tradition, eine eigene Gedankenwelt und die Volkszugehörigkeit.

In allen diesen unverzichtbaren Attributen seines Menschseins war Jesus von Nazaret ein Jude, »der zentrale Jude« *(Martin Buber)* und der echte Rabbi. Kein lauwarmer Randjude oder entwurzelter Auch-Jude war er, wie es sie schon immer gegeben hat, sondern Kernjude und »Volljude«, im besten Sinn dieser, bis vor kurzem so arg verrufenen Bezeichnung.

»Wahrer Mensch« heißt also im Falle Jesu nichts anderes als: wahrer Jude, wahrer Rabbi.

Alles, was ihm vom Stall in Bethlehem bis zum Kreuz auf Golgota widerfuhr, ist nur aus seinem gläubigen Judesein zu erklären und zu verstehen. Alles, was er vollbrachte und unterließ, was er als Rabbi sagte, predigte und gebetet hat, gewinnt volle Bedeutsamkeit nur aus seinem jüdischen Mutterboden.

Seine Gottessohnschaft, die Inkarnation, die Trinität, deren zweite Person Jesus ist – alles, was seit der späteren Kirchengründung zum christlichen Glaubensgut gehört – schmälert sein Judesein um keine Haaresbreite. Im Gegenteil!

Alle Würdetitel, die ihm das Neue Testament und die Lehre der Kirche verliehen haben, fußen auf der soliden, irdischen Grundlage seiner lebenslangen Zugehörigkeit zum Volke Israel, als dessen treuer Sohn er nie aufgehört hat, sich zu verstehen.

All denen, die das Judentum gerne von Jesu Menschsein abstrahieren, oder sein Heilandsein als eine »Überwindung« seines gebürtigen Judeseins darstellen wollen, antwortet die Deutsche Bischofskonferenz in ihrer »Erklärung über das Verhältnis der Kirche zum Judentum« vom 29. April 1980: »Wer Jesus Christus begegnet, begegnet dem Judentum« – eine Aussage, die sich auch der Papst Johannes Paul II. zu eigen gemacht hat, als er im November 1980 in Mainz mit einer jüdischen Delegation sprach.

Was Jesu Judesein im praktischen Bereich des Alltags seiner Tätigkeit als Rabbi bedeutet, faßt der Jesuit und Neutestamentler Pater Wolfgang Feneberg zusammen:

»Jesus ist nicht in die Kirche gegangen, sondern in die Synagoge; er hat täglich nicht das Vaterunser und Ave Maria, sondern zweimal das Schma-Israel und dreimal das Achtzehner-Gebet und das Kaddisch verrichtet; er kannte kein Altes Testament, noch das Neue Testament, sondern nur den *Tenach* – die Hebräische Bibel seines Volkes; er hat keinen Talar und keine christliche Ordenstracht getragen, sondern die Teffillin (Gebetsriemen) und den Gebetsschal; er ging nicht am Sonntag, sondern am Sabbath zum Gottesdienst; er hatte zuhause kein Kreuz hängen und kein Mutter-Gottesbild, sondern Gebetsriemen, Sabbathlicht, Kelch und Tuch für das Sabbathbrot; er hat nicht Ostern, Pfingsten und Weihnachten, sondern Pessach, Schawuoth und den Jom Kippur gefeiert; er hat keinen einzigen Heiden zum Jünger gemacht, sondern als kleiner, heute würde man sagen, orthodoxer Jude gelebt, gewirkt, sich gefreut und gelitten!« (Ruppert und Wolfgang Feneberg, Das Leben Jesu im Evangelium, Freiburg 1980, S. 255 f.).

Dem muß hinzu gefügt werden, daß weder seine Scheltreden, noch seine sogenannten »Streitgespräche« (eigentlich: die bis heute üblichen Lehrgespräche zwischen Rabbinern) oder sein Rabbinisches Sondergut in der Bibelauslegung ihn im geringsten dem Judentum entfremdet haben oder die Grenzen seines jüdischen Glaubens sprengten.

Ganz im Gegenteil: Alle drei Elemente – die Scheltreden, die Lehrgespräche und die Exegese – gehören zum Propheten, zum

Schriftgelehrten und zum Rabbi im vielstimmigen Judentum, das stets die Pluralität der Schriftdeutungen und Schriftanwendungen akzeptiert hat.

Allen gegenteiligen Gerüchten zum Trotz hat Rabbi Jesus in keinem seiner Worte und Taten die Tora übertreten, verletzt oder gar aufgehoben. Auch seine rabbinischen Lehrentscheidungen in bezug auf das Händewaschen, die Tempelsteuer, die Sabbathheilungen, das Ährenraufen usw. bewegen sich innerhalb der religionsgesetzlichen Praxis seiner Zeit.

Muß all dies zu einer Einengung Jesu führen, der »nur« ein Jude war, »lediglich« ein Rabbi, der seinen irdischen Wirkungsbereich auf das leibliche Volk der Juden begrenzt hat? Keineswegs! Je tiefer die Bäume in ihrer Muttererde verwurzelt sind, so sagt ein rabbinisches Sprichwort, umso höher ragen ihre Kronen in den Himmel; umso weiter reichen ihre Zweige zu allen Seiten hin.

Genauso ist es mit Jesu profundem, durch und durch gelebtem Judentum, das ihn zu einer der Leitgestalten der Menschheit gemacht hat.

19 Jesus ist tolerant

Im Hause meines Vaters sind viele Wohnungen. (Joh 14,2)
Wer nicht gegen euch ist, der ist für euch. (Lk 9,50)
Ihr sind viele Sünden vergeben, denn sie hat viel geliebt.
(Lk 7,47)

Wir werden wohl nie mit Genauigkeit wissen, was Jesus wirklich gesagt, und was ihm die fromme Überlieferung später in den Mund gelegt hat. Wenn wir aber den »Gesamt-Jesus«, wie er sich – nach Abzug historischer Ungereimtheiten und griechischer Einschiebungen – aus den vier verschiedenen Schilderungen der Evangelisten ergibt, zum Prüfstein jeder Einzelstelle machen, so überwiegen die Züge eines bescheidenen, demütigen Juden, der sich als Knecht Gottes versteht.

Er mag zwar hie und da mit gut orientalischem Temperament aufbrausen, zürnen und die Geduld verlieren, aber er war weder ein unbeugsamer Rechthaber, noch ein hochmütiger Besserwisser. Eher war er einer, der gesprächsbereit war, mit seinen Gegnern dialogfähig blieb und auch andere Glaubensweisen gelten ließ.

Wenn er den Seinen sagen kann, daß es im Hause seines Vaters »viele Wohnungen gibt« (Joh 14,2), so klingt das wie ein jüdisches Plädoyer für einen Meinungspluralismus, der Gott die Größe zutraut, daß weder eine Einzahl noch eine Mehrzahl, sondern eher eine Unzahl von Wegen Ihn zu erreichen vermag.

So betont er ebenso, daß jeder, der seiner Botschaft Glauben schenkt, »der wird auch die Werke tun, die ich tue, und wird (noch) größere als diese vollbringen« (Joh 14,12).

Mehr noch: Obwohl er bereits einen lüsternen Blick als Ehebruch verdammt (Mt 5,27–28), bringt er es über sich, eine überführte Ehebrecherin vor der Steinigung zu bewahren – nur um sie mit der Warnung zu entlassen: »Geh und sündige von jetzt an nicht mehr!« (Joh 8,11). Augustinus, ein weniger toleranter Kirchenvater, hielt es für angezeigt, Jesus hier wegen seiner »übertriebenen Milde« zu rügen.

Und als im Hause eines Freundes eine stadtbekannte Dirne sich zu seinen Füßen ausweint, wagt er es, ihr öffentlich das skandalös befreiende Wort zuzusprechen »Ihr sind viele Sünden vergeben, denn sie hat viel Liebe erwiesen« (Lk 7,47).

Kein Wunder, daß dieser Spruch im Laufe der christlichen Überlieferung über ein Dutzend verharmlosende und entschärfende Umformulierungen erfahren hat.

Toleranz kommt auch bei Jesu Gespräch mit der Samariterin am Jakobsbrunnen zum Ausdruck (Joh 4,17 ff.), die fünf Ehemänner gehabt hat und nun mit einem sechsten Mann in wilder Ehe lebt, ohne dafür von Jesus gerügt zu werden.

Eine zu wenig beachtete Stelle, an der Jesu Toleranz einhellig abzulesen ist, betrifft die Opfergabe einer armen Witwe in Jerusalem (Mk 12,41–44). Die kleine Geschichte preist jene stille Hingabe, die nicht viel Federlesens macht, in der jedoch der gläubige Mensch alle irdischen Sicherungen fahren läßt, um sich ganz und gar der Liebe Gottes preiszugeben.

Die kurze Erzählung lobt die Gabe einer jüdischen Frau, die unbekümmert dem so oft geschmähten Tempelkult in Jerusalem ihren Beitrag leistet. Sie gibt dem Gottesdienst »zwei Schärflein, die einen Heller ausmachen (Mk 12,42)«, aber das ist alles was sie hat. Sie gibt, ohne zu zögern oder nachzurechnen, besorgt nur um die Herrschaft Gottes und ihre Gerechtigkeit, die sie, wie es im Bekenntnis der Synagoge heißt, »mit all ihrem Vermögen« (Dtn 6,4) zu fördern entschlossen ist.

Und so erzählt Jesus von diesem selbstlosen jüdischen Mütterchen mit einer Liebe, die die bescheidene Frauengestalt aufleuchten läßt, den Jüngern zum Beispiel und uns allen zum Vorbild. Jesus läßt sie, wie sie ist, denn er weiß ja, daß sie weder seiner Bergpredigt noch seiner Belehrung bedarf. Als »Gerechte«, die den Willen Gottes mit vollem Herzen tut, ist

sie ja bereits mitten drin in jenem Gottesreich, das das Ziel all seines Strebens war – ohne Jesus nachzufolgen oder seine Jüngerin zu werden.
Auch in dieser Toleranz des Geltenlassens anderer Heilswege und verschiedentlicher Glaubensweisen könnte Jesus unser Lehrmeister sein.

20 Jesus ist obdachlos

Die Füchse haben Gruben und die Vögel unter dem Himmel haben Nester; der Menschensohn aber hat nicht, wohin er sein Haupt legen kann. (Mt 8,20)

»Umherirrender Aramäer war mein Vater« (Dtn 26,5), so heißt es von Jesu Stammvater Jakob; »Fremdlinge und unterdrückte Fronarbeiter waren wir in Ägypten« (Dtn 26,6; Ex 22,20), so sagen seine biblischen Vorfahren, und von seinen Ahnen, die nach Babylon vertrieben wurden, sagt der Prophet, sie seien »durch Schwert, Hunger und Pest heimgesucht; in die Hände ihrer Feinde gefallen und zum Bild des Entsetzens geworden« (vgl. Jer 21,79; 24,9–10).
In Jesus, dem vorbildlichen Juden, verdichtet sich diese Leidensgeschichte seines Volkes zum Menschenschicksal aller Dulder: Geschunden, verfolgt und obdachlos ist er, in der Tat, zum »Menschensohn« geworden, erdenlos und Ebenbild zugleich; eine Zerreißprobe aus Staub und Hoffnung wie unsereiner, die, aller Not und allem Leid zum Trotz, die Gewißheit hegt, daß Gottes Wille in der Demut ist, und daß Er, Der Herr der Welt »bei denen wohnt, die zerschlagenen und zerknirschten Geistes sind.« (Jes 57,15).

21 Er konnte keine Wunder in Nazaret wirken

Er konnte dort [in Nazaret] nicht eine Wundertat erwirken.
(Mk 6,5)

So war es immer schon in aller Welt: Der Prophet gilt nichts in seiner Vaterstadt. »Woher hat er das?« (Mk 6,2) So wird immer wieder gefragt, wenn ein junger Mann, den die Alten noch in Erinnerung haben als ABC-Schützen und als vorwitzigen Halbwüchsigen, sich unverhofft als begnadeter Künstler, Staatsmann oder Glaubensheld erweist.
»Ist das nicht der Sohn des Zimmermanns?« (Mt 13,55) So heißt es dann, um hämisch anzudeuten, daß ein schlichter Tischler doch über Nacht kein Koryphäe werden kann. Sonst hätten sich ja alle in ihm geirrt, und das will keiner zugeben. Und dennoch fingen alle Weltbeweger als Kinder an und mußten aus so manchen Irrwegen und Holzwegen lernen, ehe sie ihre Begabungen zur vollen Blüte bringen konnten.
Dazu aber bedarf es vor allem eines unerschütterlichen Sendungsbewußtseins, das alle Fehlschläge zu verkraften und überwinden weiß – wie auch Jesus sie erleben mußte mitten in seiner Heimatstadt Nazaret.

22 Einige Jünger verlassen Jesus

Von da an zogen sich viele von seinen Jüngern zurück und wanderten nicht mehr mit ihm. (Joh 6,66)

Jesus von Nazaret wird von so manchen Christen als ätherische Lichtgestalt so hoch gerühmt und verherrlicht, daß seine makellose Tugendhaftigkeit dem »wahren Menschen« zu widersprechen scheint, der er ja 33 Jahre lang auf Erden war – auch gemäß der Kirchenlehre. Denn wo und wann gab es je einen wahren Menschen ohne Zweifel, Anfechtungen und Mißerfolge?
Einen Schimmer dieser anheimelnden Menschlichkeit finden wir nach seiner Predigt in der Synagoge von Kafarnaum, als »viele von seinen Jüngern« sich zurückzogen und ihn verließen.
Heim und Hof aufzugeben, ohne zurückzuschauen; vollständige Loslösung von den Eltern und der Familie; »sein Kreuz tragen«, um mit Jesus auf Gedeih und Verderb dem Himmelreich entgegenzupilgern, das mußte für viele – damals wie heute – wie eine Überforderung anmuten, der sie nicht gewachsen waren.
Und so fielen auch etliche von seiner Gefolgschaft von ihm ab, sehr zur schmerzlichen Enttäuschung des Nazareners, der aber, allem Scheitern zum Trotz, unbeirrbar seiner Sendung treu blieb – bis zum Ende.

V Umstrittener Kämpfer

23 Jesus zwischen Krieg und Frieden

Glaubet nicht, ich sei gekommen, Frieden auf Erden zu bringen. Ich bin nicht gekommen, Frieden zu bringen, sondern das Schwert. (Mt 10,34)
Frieden hinterlasse ich euch, meinen Frieden gebe ich euch, nicht einen Frieden, wie die Welt ihn gibt, gebe ich euch.
(Joh 14, 27)

Jesus stammte aus jenem zähen, kräftigen Volk, dessen Lebensbereich im Bergland Galiläa eingezwängt war zwischen Syrern, Griechen und Römern, gegen die sich die Juden immer wieder behaupten mußten, um wenigstens ein Quäntchen Unabhängigkeit zu erkämpfen.
Zu diesem gesellte sich die Unterdrückung der jeweils Herrschenden, die sich vom Ertrag des Landes so viel aneigneten, daß das ausgebeutete Landvolk ständig um sein Existenzminimum zu fürchten hatte. Und so kam es zu einem Teufelskreis von Steuerschulden, Verarmung und Zuflucht zur »Räuberei«, wie es die Römer benannten, das heißt zum aktiven Widerstandskampf der Eiferer (Zeloten) für die ein Leben ohne Freiheit sinnlos geworden war.
Auch aus Nazaret schlossen sich etliche Patrioten den Freischärlern Judas, des Galiläers, an, von denen der römische Feldherr Varus 2000 kreuzigen ließ, andere in die Sklaverei verkaufte, und ihr Dorf Sapporis – 5 Kilometer nördlich von Nazaret – dem Erdboden gleichmachte, als Jesus noch ein Knabe war. Zur gleichen Zeit, als der zwölfjährige Jesus erstmals nach Jerusalem kam, besetzten die Truppen des römischen Landpflegers die Straßen der Stadt, um einem Aufstand zuvorzukommen.
Kurzum: Aufstand, Kampf und brutale Unterdrückung durch Waffengewalt hat Jesus seit früher Jugend miterlebt. Sie haben

auch seine Weltanschauung entscheidend mitgeprägt – sowohl in der Sehnsucht nach der prophetischen Friedensvision als auch in der nüchternen Akzeptanz von Kampf und Krieg als Realitäten des Lebens. Und so konnte er den weltentrückten Pazifisten unter seinen Landsleuten ins Stammbuch schreiben:
»Wenn der Starke seinen Hof bewacht, so ist sein Besitz in Frieden. Wenn aber ein Stärkerer als er ihn überfällt und ihn überwindet, so nimmt er ihm seine Rüstung, auf die er sich verlassen hatte, und verteilt seine Beute« (Lk 11,21–22).
All denen, die sich auf ihre gute Absicht und auf Gottes Hilfe allein verlassen, ohne nüchtern die strategischen Gegebenheiten zu berücksichtigen, rät Jesus zur sachlichen Abwägung der Kräfteverhältnisse: »Welcher König, der ausziehen will, um mit einem anderen König Krieg zu führen, wird sich nicht zuvor hinsetzen und nachdenken, ob er mit 10 000 Mann dem entgegentreten kann, der mit 20 000 gegen ihn anrückt? Anderenfalls schickt er, solang jener noch fern ist, eine Gesandtschaft ab und bittet um Frieden« (Lk 14,30–31).
Daß der Kriegsausbruch unter Gewaltsherrschaft stets möglich ist, wußte Jesus sehr wohl, und bereitete daher seine Jünger auf den Konfliktfall vor: »Ihr werdet von Kriegen hören, und Gerüchte über Kriege werden Euch beunruhigen. Seht zu, laßt Euch nicht erschrecken!« (Mt 24,6)
Daher rät er den Seinen, wenn nötig, sogar ihren Mantel zu verkaufen, um »ein Schwert zu kaufen« (Lk 22,36), und kann an die erstaunten Apostel folgende Warnung ergehen lassen: »Glaubet nicht, ich sei gekommen, Frieden auf Erden zu bringen. Ich bin nicht gekommen, Frieden zu bringen, sondern das Schwert« (Mt 10,34).
Auf Hebräisch ist das natürlich keine Aufforderung zur Aggression, wohl aber eine unmißverständliche Klarstellung: Weder ein fauler Frieden noch ein Heuchlerfrieden darf unser Ziel sein, so wird hier betont, und schon gar nicht ein Schein-Frieden als verkappter Waffenstillstand oder gar ein Gewaltfrieden, den die Sieger den Unterlegenen aufzwingen, sondern der echte Realfrieden, der niemals ein Besitztum sein kann, oder ein weiches

Federkissen, sondern immer wieder die Frucht unermüdlicher Anstrengungen und einer stetigen Suche. Frieden, wie ihn Jesus hier darstellt, bedeutet demnach keine konfliktlose Idylle; er kommt nicht von allein noch geschieht er oder fällt vom Himmel.

Friede muß, wie Jesus sagt, »gestiftet werden« (Mt 5,9) – in harter Kleinarbeit, in der erfinderischen Suche nach Kompromissen, auf der Jagd nach Teillösungen und im stetigen Ringen mit dem Unfrieden, der überall droht, wo fehlbare Menschen zusammen leben. Billiger, sagt uns Jesus, ist der Friede auf Erden nicht zu haben.

Ist das derselbe Jesus, der uns die Bergpredigt geschenkt hat? Sicherlich! Seine Bergpredigt ist und bleibt das erreichbare Ziel aller friedliebenden Menschen, aber der Weg zu ihm muß zwar gewaltlos, aber über das steile und holprige Gelände der oft zerstrittenen Wirklichkeit gebahnt werden. Dazu bedarf es nicht nur der Friedensliebe, sondern auch der »Schlangenklugheit« und »Taubensanftheit« zugleich (Mt 10,16).

24 Jesus und das Schwert

Wer kein Schwert hat, der verkaufe seinen Mantel und kaufe eines! (Lk 22,36)
Alle die zum Schwert greifen, werden durch das Schwert umkommen. (Mt 26,52)

Keine noch so scharfsinnige Deutelei, so scheint es, vermag das Jesuswort vom Schwertkauf mit seinem Spruch vom Schwertverzicht auf einen Nenner zu bringen. Auch hilft es uns nicht, wenn wir »das Schwert« hier zu einer abstrakten Allegorie verflüchtigen wollen, denn gleich nach dem Wort vom Schwertkauf ziehen die Jünger zwei Schwerter – ganz handgreiflich – aus dem Mantel, um sie Jesus vorzuzeigen. Ebenso geht es beim Schwertverzicht um eine unzweideutige Waffe, mit der soeben schon Blut vergossen wurde (Mt 26,51).
Kein Zweifel also: Die beiden Schwertworte strafen einander Lügen – auf dem Papier zumindest, nicht aber im dreidimensionalen Leben. Denn Jesus war weder ein Theologe noch ein griechischer Philosoph. Er kannte keine Dogmatik noch Systematik; er hatte daher weder Theorien noch Ideologien anzubieten, um abstrakte Probleme in wissenschaftlicher Weise zu lösen. Seine Heilige Schrift – die Hebräische Bibel – ist eine erdnahe Tatenlehre, die menschlich-machbare Antworten auf menschlich-dringliche Probleme geben will: Die Steuerbezahlung, Krankenheilung, Streitschlichtung, Arbeitslohn und das tägliche Brot, – das waren die Sorgen des Alltags, die er zu lindern oder erleichtern versuchte. Daher war Jesus mit seinen Leuten stets handfest und konkret. Er hat den einzelnen sehr genau gesagt, was für sie gerade jetzt am wichtigsten zu tun ist. Immer waren seine Ratschläge zeitgebunden und spezifisch, an Individuen gerichtet, wobei die momentane Situation, in ihrer unwiederhol-

baren Einmaligkeit den Ausschlag gab. Nicht das Prinzip noch das Ideal waren maßgebend, und schon gar nicht verallgemeinernde Patentrezepte, sondern: Dieser Mensch, zu dieser Zeit, an diesem Ort – diese Dreieinigkeit der lebendigen Gegenwart bestimmten Jesu jüdische Denkweise.

Die beiden Schwertworte liefern hierzu ein einleuchtendes Schulbeispiel. Beim Aufstieg nach Jerusalem, von Jericho kommend, muß eine Wegstrecke bewältigt werden, die damals verseucht war mit Wegelagerern, römischen Deserteuren und allerlei Gewalttätern. Sollte Jesus seinen Jüngern in jener Gegend den Rat gegeben haben, »zwei Schwerter« zu kaufen (Lk 22,35–38), so wäre dies in der Tat nicht nur angemessen, sondern lebensnotwendig gewesen – auch für friedliebende Wanderprediger.

Denn unter den damaligen Umständen käme jeder Versuch, diese Strecke unbewaffnet zu durchqueren, einer Einladung gleich, das Schicksal jenes Opfers der Räuber zu teilen, »die ihn auszogen, ihm Schläge versetzten und ihn halbtot liegen ließen« (Lk 10,30).

Wenige Tage später, nach dem letzten Abendmahl in Jerusalem, als die Jünger, »beschwert« mit dem Wein der festlichen Passahliturgie, eingeschlafen waren, kam es in Gethsemani zur Gefangennahme. Die römische Kohorte (Joh 18,3), geführt von einem Oberst (Joh 18,12), hatte bis zur frühen Morgenstunde gewartet – zu einem Zeitpunkt also, da der geringste Widerstand zu erwarten war, ehe sie eingriff. Sobald sich die Jünger aufgerafft hatten, fragten »sie« Jesus: »Sollen *wir* mit dem Schwert dreinschlagen?« (Lk 22,49), worauf das Handgemenge begann. Sobald Blut zu fließen anfing (Lk 22,50), durchschaute Jesus die List der Römer, wußte, daß die Seinen bereit waren, ihr Leben für ihn zu riskieren, verstand aber auch, daß die umzingelte Apostelschar so gut wie keine Aussicht hatte, sich mit den römischen Berufssoldaten – rund 600 an der Zahl – zu messen.

Ebenso klar war ihm, daß dem Oberst aufgetragen worden war, ihn, als »Rädelsführer« zu verhaften – entweder gewaltlos oder, wenn nötig, über die Leichen seiner Gefolgschaft. Und so sagt Jesus, ohne jedes Zaudern zu Petrus (oder zu »einen von ihnen«, nach Lk 22,50), der bereits von seinem Schwert Gebrauch zu machen begonnen hatte: »Stecke dein Schwert zurück in die Scheide! Denn alle die (jetzt) das Schwert zücken, werden durchs Schwert umkommen« (Mt 26,53). Hier ging es um die klare Erkenntnis der Überlegenheit der Römer und die Aussichtslosigkeit jedweden bewaffneten Widerstandes. Die Wahl, vor die Jesus gestellt wurde, war eindeutig und brutal: Entweder läßt er die Seinen gewähren, was nur zu einem Gemetzel seiner Jünger führen konnte, oder er opfert sich auf.

»Ich bin es!« So sagt er nun zu den Häschern und liefert sich ihnen aus, indem er hinzufügt: »So laßt diese da gehen« (Joh 18,8). Sein Plan war mit Erfolg gekrönt: Jesus wurde ergriffen, gefesselt und abgeführt; die Seinen aber wurden freigelassen.

Wir können zusammenfassen: Das Jesuswort vom Schwertkauf war genau so angemessen und sachgerecht, wie das spätere Wort vom Schwertverzicht. Beide entsprachen der jeweiligen Situation vollauf. Ein Widerspruch ergibt sich nur, wenn man sie zu papierenen Abstraktionen reduziert.

25 Jesus zürnt

Und es kam ein Aussätziger zu ihm, fiel auf die Knie und flehte ihn an: Wenn du willst, kannst du mich rein machen. Da wurde Jesus zornig [...] dann fuhr er ihn heftig an und jagte ihn fort.
(Mk 1,40–42)

Warum wurde Jesus »zornig«, wie es in den ältesten Handschriften (die nicht in allen Bibeln abgedruckt sind) heißt? Wir hätten eher Mitleid oder Zuspruch von ihm erwartet. Er aber zürnte wegen der abergläubischen Erwartung des Aussätzigen, der Wundersucht des Landvolkes in Galiläa und des Kniefalls, der nach jüdischem Empfinden nur Gott allein gebührt.
Dem reichen Jüngling, der ihn mit gebeugtem Knie als »guter Meister« anspricht, hält er ebenso schroff entgegen: »Was nennst du mich gut? Nur Einer ist gut: Gott allein!« (Mk 10,17–18).
Auch die Mutter seiner beiden Aposteln, Jakobus und Johannes, die »sich vor ihm niederwarf« (Mt 20,20), weist er unwirsch ab, da ihm alle Huldigungen zuwider sind. Zu guter Letzt warnt er alle jene, die ihn zur Mitte ihres Glaubens machen wollen: »Wer an mich glaubt, glaubt nicht an mich, sondern an den, der mich gesandt hat« (Joh 12,44).
Kurzum, für Jesus ist Gott der einzige Herr der Welt, das letztgültige Richtmaß für Gut und Böse und der himmlische Vater aller Menschenkinder, für dessen Alleinherrschaft er sich nicht scheut, auch mit heiligem Zorn zu eifern.

26 Jesus als Schlemmer und Säufer verrufen

Da sagten sie: Seht den Schlemmer und Säufer, den Freund von Zöllnern und Sündern! (Mt 11,19)

»Ein Freund von Zöllnern und Sündern« war Jesus in der Tat, denn seine Frohbotschaft galt vor allem den Randsiedlern der Gesellschaft und den Abtrünnigen, die er zur Umkehr bewegen wollte.

»Ein Schlemmer und Säufer« aber war er nie. Wieso kam er dann in solchen Verruf? Weil er den damals umstrittenen Brauch einiger Pharisäer, die »zweimal in der Woche« zu fasten pflegten (Lk 18,22) als unbiblische, zur Schau gestellte Frömmelei verwarf. Am bloßen Fasten – als Bußersatz – hat Gott kein Wohlgefallen, so ließ er durchblicken – ganz im Sinne des Propheten Jesaja, der auf ein »besseres Fasten« hinweist, das aus Werken der Barmherzigkeit und echter Herzensreue besteht (Jes 58,4–7). Da hingegen der Wein »des Menschen Herz erfreut« (Ps 104,15), und mit anderen Tafelfreuden zu Gottes guten Gaben zählt, war Jesus dem Festefeiern keineswegs abgeneigt (Joh 2,1–2; Lk 7,36; Lk 19,5 ff. etc.) Ebenso vertraut war er mit dem Vorzug alter Weine und der Minderwertigkeit des Heurigen. Das beweist er in seinem Gleichnis von den Weinschläuchen, das mit den Worten endet: »Und niemand, der alten Wein getrunken hat, will neuen, denn er sagt: der alte ist (sehr) gut« (Lk 5,39).

Daß ihn deshalb »einige« der Stockfrommen als »Schlemmer und Säufer« verleumdet haben, hat ihn wenig gekümmert. Was soll's? Indem er sie als »Heuchler und Scheinheilige« anprangerte, blieb er ihnen nichts schuldig.

27 »Er ist von Sinnen«

Und da es die Seinen hörten, gingen sie hinaus und wollten ihn halten, denn sie sprachen: Er ist von Sinnen. (Mk 3,21)
Viele unter ihnen sagten: Er ist verrückt; was hört ihr ihm zu? (Joh 10,20)

Es ist ein Armutszeugnis für unsere Welt, daß die Leuchten der Menschheit nur allzu oft als Spinner oder Schwärmer belächelt werden oder gar als verrückt oder von Sinnen gelten.
»Ein Narr ist der Prophet, und wahnsinnig ist der Mann des Geistes,« so klagte schon Hosea (9,7), und Jesus erging es nicht besser.
Heinrich Heine, der gläubige Grenzgänger zwischen Judentum und Christentum, mußte seine traurige Bewunderung hinter einer Fassade von Ironie verbergen, wenn er die Gestalt des Nazareners auf einem Wegkreuz sah:

> Mit Wehmut erfüllt mich jedes mal
> Dein Anblick, mein armer Vetter,
> Der Du die Welt erlösen gewollt,
> Du Narr, Du Menschheitsretter!

Es gehört wohl zum Urgestein unseres zwiespältigen Menschentums, daß Sokrates von Amts wegen vergiftet, die Propheten von der Obrigkeit verfolgt, und Jesus von den Römern gekreuzigt wurde.
Da steht einer auf im alten Israel und sagt den Machthabern: Euer Leben ist eine Lüge; eure Werte sind Falschmünzerei; Selbstsucht ist keine echte Selbstliebe und Gott ist kein Erfolgslieferant, sondern ein Befreier aus allen Fesseln der Ich-Verkrampfung! Werdet doch endlich würdige Träger Seines Ebenbildes!
Unter dem Stachel solcher skandalösen Verkündigung gibt es

eigentlich nur eine Wahl: Entweder die ganze Gesellschaft bedarf einer grundlegenden Zurechtrückung, oder der Verkünder ist verrückt.
Ja, ver-rückt aus unserer menschlich-unmenschlichen Realität, in der sich jeder selbst der Nächste ist, und Gott auf die Feiertage verdrängt wird.
Ent-rückt aus den Sachzwängen unserer Wegwerf-Gesellschaft, die Konsum zur Kunst entwickelt hat, und die Habenichtse als gescheiterte Existenzen verpönt. Mit solch einem gefährlichen Ver-rückten kann man in zwei Weisen umgehen: Entweder schleunigst ent-erden und nachträglich in den Himmel heben, um ihn unverbindlich anzubeten – oder aber ihn ernstnehmen, um ihm Nachfolge zu leisten.
Bis heute hat sich der erste Weg als der beliebteste erwiesen.

VI Der besiegte Sieger

28 »Nur wer sein Kreuz trägt...«

Nur der, der sein Kreuz zu tragen bereit ist, soll mir nachfolgen.
(Mk 8,34)

Von den zahlreichen Schwertworten Jesu, die es nicht mit dem ergebenen Händefalten bewenden lassen (Mt 10,34; Lk 22,36 etc.), ragt dieses ganz unübersehbar hervor, und zwar aus zwei triftigen Gründen: Weil es der einzige Spruch ist, der fünfmal in den Evangelien in sehr ähnlicher Form wiederholt wird, und weil es seinesgleichen auch in der jüdischen Überlieferung aus jener stürmischen Zeit gibt, in der er als Zelotenlosung zitiert wird. Also, als Motto jener jüdischen Widerstandskämpfer, die mit Waffengewalt gegen das brutale Römerjoch rebellierten.
»Wenn jemand mir nachfolgen will, so verleugne er sich selbst und nehme sein Kreuz auf,« so heißt es bei Markus (8,34).
»Wer nicht sein Kreuz aufnimmt und mir nachfolgt, ist meiner nicht würdig,« so heißt es bei Matthäus gleich zweimal (10,38 und 16,24).
»Wenn jemand mir nachkommen will, verleugne er sich selbst und nehme täglich sein Kreuz auf sich, und folge mir nach,« so heißt es noch zweimal bei Lukas (9,23 und 14,27), wobei es beim fünften Mal negativ formuliert wird wie eine unmißverständliche Abschreckung: »Wer nicht sein Kreuz trägt und mir nachkommt, kann nicht mein Jünger sein« (Lk 14,27).
Auch diesen Aufruf haben viel später die Kirchenväter zu einem abstrakten Appell zur passiven Widerstandslosigkeit und zur Verherrlichung der Leiden vergeistigt und entschärft. Was er bedeutete, als Jesus ihn auf Erden sprach, in seiner jüdischen Muttersprache, war viel einfacher, herausfordernder und todernst. Es war eine wohlgemeinte Warnung an junge Hitzköpfe in Galiläa, dem Hort aller jüdischen Aufstände gegen die Heiden-

herrschaft, die sich im Sog der Begeisterung über seine Predigt sofort seiner Bewegung anschließen wollten. Ihnen wurde hiermit eindeutig mitgeteilt: Wer von euch nicht seelisch dazu bereit ist, auch die letztmögliche Konsequenz aus meiner Jüngerschaft zu riskieren, nämlich den Rebellentod am Römerkreuz, der möge lieber daheim bleiben.

Es war die grausame, brutale Wahrheit, die Tausende von Juden vor Jesus, zusammen mit Jesus und seinen beiden Seiten, und auch nach Jesus mit dem Tode bezahlen mußten. Über 6000 von ihnen wurden von Pontius Pilatus allein wegen ihres Freiheitsdranges an Holzkreuze genagelt – auch Nichtzeloten, die lediglich im Geruch des Widerstandes standen oder es wagten, politische Kritik zu üben an der Tyrranei der römischen Übermacht. In diesem Sinne verstanden ihn auch die Zwölf, als sie Heim und Habe hinter sich ließen ohne Zaudern und »ohne zurückzuschauen« (Lk 9,62), um mit ihrem Meister für Israel und eine bessere Welt zu ringen – auf Gedeih und Verderb.

Was ergibt sich aus diesen und zwei Dutzend anderer Zipfel der historischen Wahrheit, die es uns ermöglichen, ein skizzenhaftes Portrait des irdischen Nazareners zu rekonstruieren? Vor allem, daß er weder ein weltfremder Moralprediger war, noch ein weltflüchtiger Jenseits-Theologe, sondern ein Mann, der von Liebe zu seinem Volk erfüllt, fest entschlossen war, am verzweifelten Widerstandskampf der Seinigen teilzunehmen, auch wenn er hoffte, durch »Schlangenklugheit und Taubensanftheit« (Mt 10,16) die Befreiung gewaltlos herbeizuführen.

29 Jesus betet

Er stieg allein auf einen Berg, um zu beten. (Mt 14,23)
Er hielt sich in einsamen Gegenden verborgen und betete.
(Lk 5,16)
Setzt euch hier nieder, während ich dorthin gehe und bete!
(Mt 26,36)

Nicht von ungefähr beginnt Jesu Leben mit einem Psalmvers (Mt 1,23) und endet mit einem anderen (Mt 27,46); denn er war einer der großen Beter in der Glaubensgeschichte Israels.
Noch bevor er schreiben und lesen konnte, haben ihm seine Eltern, der Tradition gemäß, die ersten Gebete beigebracht. »*El melech ne'eman* – Gott, Getreuer König«, das lernte er als kleines Kind, sobald er zu sprechen begann. In der Synagoge lernte er mit »Amen« am Gemeindegebet teilzunehmen, denn, wie es im Talmud heißt, »erhält das Kind einen Teil am künftigen Heil, sobald es das erstemal Amen sagt« – ein Brauch, dem er zeitlebens so treu blieb, daß man ihn später »den Amen« (Offb 3,14) zu nennen pflegte. Abends und morgens sprach er das »Höre Israel«-Bekenntnis (Mk 12,29); dreimal täglich sprach er das »Achtzehngebet«, wie auch viele Segenssprüche, Danksagungen und Lobpreisungen, die zum alltäglichen Gottesdienst und Lebenswandel gehören.
Besonderen Wert scheint er auf das Heiligungsgebet *(Kaddisch)* gelegt zu haben, das im Vaterunser nachhallt.
So manche Gläubige tauchen unter in einem Tatendurst, der für das Gebet kaum noch Freiraum läßt; andere lassen es mit dem Gebet bewenden, wobei die Arbeit am Heilswerk dieser Welt zu kurz kommt. Jesus zeigt uns den Weg zur Synthese beider Arten von Frömmigkeit, die Gebet und Gebot in der Heiligung des grauen Alltags vereinen.

Wie ist Jesus dazu gekommen, ein neues Gebet zu verfassen? Er hat es wohl kaum aus dem Stegreif erfunden, noch scheint es die Frucht einer plötzlichen Eingebung gewesen zu sein. Aller Wahrscheinlichkeit nach ist es aus dem Glaubensschatz seines Volkes und aus seinen ureigenen Gotteserfahrungen zusammengewachsen, hat in seinem Herzen dann Wurzeln geschlagen, bis es eines Tages »gebetsreif« war.

Sein Schulbuch war ja die Hebräische Bibel, sein Gebetsbuch der Psalter und sein Gotteshaus die Synagoge. Kein Wunder also, daß das Vater-Unser in klassischer Kürze die Quintessenz des jüdisch-christlichen Glaubenskerns zum Ausdruck bringt: Die Einzigkeit des Schöpfer-Gottes; seine Vaterschaft aller Menschenkinder; die Zuversicht auf seine künftige Allein-Herrschaft; die Hoffnung auf die baldige Erlösung; die Unterwerfung unter den Willen Gottes; die Vergebung der Sünden auf Erden und im Himmel und, nicht zuletzt, unsere stetige Angewiesenheit auf seine gütige Allmacht.

Jetzt wird auch klar, warum er seine Jünger nur dieses einzige Gebet gelehrt hat. Es enthält ja eigentlich alles, was der gläubige Mensch braucht, um aufrecht und zielbewußt sein Leben zu meistern.

»Frühmorgens als es noch dunkel war, stand er auf und ging an einen einsamen Ort, um dort zu beten« (Mk 1,35).

So wie er die öffentliche Frömmelei verpönt, um den Seinen das leise »Gebet im Verborgenen« (Mt 6,6) zu empfehlen, so hören wir auch von ihm selbst, daß er häufig die Einsamkeit suchte. Aus der »Zweisamkeit« mit Gott schöpft Jesus neue Kraft, überwindet innere Anfechtungen, lernt seine Sendung verstehen – und kommt den Menschen näher.

Denn das wahre Gebet ist nicht nur ein Stillwerden, sondern auch ein Dialog: Reden mit Gott und auf seine Stimme hören. Wie Hiob hat auch Jesus die Ängste und Wünsche seines Herzens nicht schamhaft unterdrückt, sondern offen ausgeschüttet.

So am Ölberg: Möge doch dieser Leidenskelch an mir vorübergehen!

So auf Golgota – der Hebräerbrief (5,7) weiß vom »Bitten und

Flehen Jesu«, »vorgebracht unter lautem Schreien und Tränen.«
Doch er hat auch aufmerksam auf die Stimme Gottes gehört. Nicht, was ich will, so betete er auf den Knien, sondern was du willst, geschehe!
Denn das echte Gebet läßt es als Zwiegespräch mit Gott nicht mit Worten bewenden, sondern erheischt die Tat-Antwort des Menschen: Das Belanglose abzustreifen, um des Wesentlichen innezuwerden, sich selbst und seinem Auftrag treu zu bleiben, ohne Fluchtversuche in den Selbstbetrug. Und so ging Jesus unbeirrbar seinen schweren Weg, um sein bibelerfülltes Leben mit einem Gebet zu vollenden: »Vater, in Deine Hände übergebe ich meinen Geist!« (Ps 31,6 in Lk 23,46).

30 Jesus hat Angst

[...] Er begann zu erschaudern und zu zagen und sprach zu ihnen: Meine Seele ist betrübt bis in den Tod. (Mk 14,33–34)
Und als er in Angst geriet, betete er noch inständiger. Und sein Schweiß wurde wie Blutstropfen, die auf die Erde niederrannen. (Lk 22,44)
Ich habe eine Taufe, womit ich getauft werden muß, und wie ist mir bange, bis sie vollbracht ist! (Lk 12,50)

Da keine menschliche Regung Jesus fremd war, befiel ihn auch manchmal die Angst. »Sein Fleisch war schwach« (Mt 26,49) wie das unsere – und er war sich der eigenen Schwäche schmerzlich bewußt. Im Hain Getsemani betete er inbrünstig, bis die Perlen des Angstschweißes wie Blutstropfen von seiner Stirn herabrollten. Jesus ruft zu Gott, er zagt und zittert, doch Gott antwortet nicht. Erst Lukas, der dritte Evangelist, glaubt, diese unerträgliche Situation abschwächen zu müssen, indem er einen Engel vom Himmel herabsteigen läßt, der Jesus stärkt (Lk 22,43). Aber die Todesangst wird dadurch nicht von Jesus genommen, sondern gerade noch gesteigert, wie schon der folgende Vers bezeugt: »Und er betete noch inbrünstiger«, und der Schweiß benetzt sein Antlitz und seine bebenden Glieder.
Doch vom dunklen Himmel kommt kein Trostwort. Trotz seiner Bitte, mit ihm auszuharren, sind die Apostel eingeschlafen, und Jesus bleibt mit seiner Angst allein. Wie ein Ertrinkender hat er nach einem Halt getastet, bei Menschen, von denen er doch wußte, daß sie viel schwächer waren als er: »Bleibt da und wachet mit mir!« (Mt 26,38) So erklang seine flehende Bitte, doch sie versagten kläglich und ließen ihn im Stich.
Mit der Angst allein gelassen zu werden – wie oft gehörte dieser letzte Abgrund der Verzweiflung nicht immer wieder zum jüdischen Leidensschicksal! Wer von der Gesellschaft geächtet wird,

wer vom Unrechtsstaat entrechtet wird, wer nach seinem Gewissen handelt und gegen den Strom schwimmt, der wird abgeschoben, ausgesiedelt oder deportiert – wie Jesus in seiner einsamen Furcht von den Qualen eines langsamen Verblutens am Kreuz der Römer.

Jesu Angst im Ölgarten entspringt einer doppelten Verlassenheit: Die Freunde schlafen unbekümmert und auch Gott schweigt. Die Wellen der Angst überfluten ihn und drohen ihn zu ertränken. Aber auch da, wo Gott schweigt, läßt Jesus die Hand des Vaters nicht los.

Von allen verlassen, vertraut er dennoch auf Gott und durchsteht die lähmende Beklemmung in seinem Herzen, die keinen Ausweg mehr sieht. Schon in Galiläa hatte er ja zugegeben, daß ihm bange war vor der »Taufe«, die ihm drohte (Lk 12,50). Das bedeutete zweierlei in der Bildersprache jener Zeit: Hinuntertauchen in den Tod und wiederaufsteigen ins Leben. Warum ist ihm dann trotzdem bange? Weil er eben ein Mensch ist, ein ehrlicher noch dazu, der sich seiner Gefühle nicht schämt, der es für nicht richtig findet, den Seinen übermenschlichen Mut vorzugaukeln, da ihm doch die Knie schlotterten.

Ein junger Mann, in der Blüte seiner Jahre, steht da vor uns, der gar nicht sterben will; der Angst hat vor dem Tode, wie wir alle, und der Gott noch ein bißchen Leben abbetteln will: »Vater, wenn es möglich ist, möge dieser Kelch [des Leidens] an mir vorüber gehen!« (Lk 22,42) So bittet er mit gebeugtem Knie und gebrochener Stimme. Doch kein Herz ist stärker als ein zerbrochenes Herz, so sagen die leidgeprüften Rabbinen. Aus dem Gebet, in das er seine ganze Seele einbringt, erwächst ihm neue Kraft, die Angst zu überwinden und sich dem Willen des Himmels freiwillig zu beugen: »Doch nicht mein Wille, sonder der Deinige geschehe!« (Lk 22,42) So kann er jetzt mit erneuter Entschlossenheit sagen. Die Schrecken des Todestales hat er nun durchschritten. Nun sieht er wieder das Licht Gottes, der im Leben und im Tode sein Himmlischer Vater bleibt. »Es ist genug!« so weckt er nun die Jünger: »Die Stunde ist gekommen. Steht auf, laßt uns gehen!« (Lk 22,45–46)

31 Jesus verzweifelt – fast

Und um die neunte Stunde schrie Jesus auf mit lauter Stimme: Eli, Eli, lama sabachtani? Dies ist: Mein Gott, mein Gott, warum hast du mich verlassen? (Mk 15,34; Mt 27,46)

»Es ist nicht ausgeschlossen, daß Jesus in voller Verzweiflung gestorben ist.« So meint der evangelische Theologe Eberhard Jüngel. Ein katholischer Theologe, Wolfgang Feneberg, faßt die Ansicht vieler seiner Kollegen in folgenden Worten zusammen: »In aller Ehrlichkeit wird in ihren Aussagen greifbar, wonach es durchaus möglich ist, daß der irdische Jesus am Kreuz verzweifelt, und in gar keiner Weise bewußt und freiwillig in den Sündentod gegangen ist.«
Hauptsächlicher Grund für diese weitverbreitete Einstellung ist der sogenannte »Verzweiflungsschrei« Jesu am Kreuz, den die beiden ersten Evangelisten in fast identischen Worten berichten.
Auf Griechisch, und später auf Deutsch, klingt das in der Tat wie ein verbitterter Aufschrei aus dem Abgrund letzter Verzweiflung; ein Stöhnen unsäglicher Trauer aussichtsloser Gott-Verlassenheit, das all die lebenslange Heilsgewißheit des Nazareners Lügen zu strafen scheint. Lukas, der für hellenistische Heidenchristen schreibt, findet das Kreuzwort in der Tat zu anstößig. Er läßt es kurzerhand weg und ersetzt es durch einen anderen Psalmvers: »Vater, in Deine Hände empfehle ich meinen Geist« (Ps 31,6 – Lk 23,46).
Johannes scheint ähnliche Bedenken gehabt zu haben, denn anstelle des Anfangs vom Psalm 22, den Jesus nach Markus und Matthäus betet, setzt er das Schlußwort aus demselben Sterbepsalm Israels: »Es ist vollbracht!« (Ps 22,32 = Joh 19,30).
Schon immer sah sich die christliche Theologie mit dem Di-

lemma konfrontiert, im Hinblick auf Jesu Passion einerseits daraufhin zu weisen, daß menschliches Leid ihm nicht fremd geblieben sei; andererseits aber scheute man sich davor, seine Todesangst in ihrer allerletzten Tiefe ernstzunehmen.
So glaubte schon der Kirchenvater Augustinus, Jesu Aufschrei am Kreuz dahingehend umdeuten zu müssen, daß hier nicht Jesus, sondern »Adam« der »erste Mensch« in ihm geschrien habe. All diese Verharmlosungen des zu Tode entsetzten Jesus hätten sich jedoch als überflüssig erwiesen, hätte man sich in der frühen Kirche die Mühe genommen, das Kreuzwort in Jesu Muttersprache zurückzuübersetzen, anstatt sich mit der ungenauen griechischen Übersetzung zu begnügen. Im Grundtext besagt nämlich Ps 22,2, den Jesus, wie unzählige andere Juden, in seiner Sterbestunde gebetet hat: »Mein Gott, mein Gott, *wozu* hast du mich verlassen?« Dabei fällt vor allem auf, daß der Gott, den er am äußersten Lebensrand mit *Du* anspricht, noch immer *sein* Gott ist und bleibt; sein Gott, zu dem er in Todesnot mit den Worten seiner Väter betet. Nicht weniger wichtig ist das Anfangswort seiner Gottesfrage. »Lama« bedeutet: wozu? zu welchem Zweck? und nicht: warum? Der Unterschied ist wesentlich: Das *Warum* hingegen schaut nach vorne und fragt in die Zukunft hinein.
»*Warum* hast Du mich verlassen?« dieser Wortlaut klingt nach Vorwurf, nach einer Anklage, die nach Schuld sucht und Verunsicherung mitklingen läßt.
»*Wozu* hast Du mich verlassen?« hingegen setzt voraus, daß auch die Agonie nicht zwecklos ist; daß Gottes Handeln ein klares Ziel verfolgt, daß aber der Beter um eine Eingebung fleht, die ihm den gottgewollten Sinn seiner Leiden offenbart.
Kurzum: Das (falsche) Warum steht im Zwielicht des Zweifels; das (richtige) Wozu aber verläßt den Boden des Glaubens nicht.
Das Fazit liegt auf der Hand: Jesus hatte bodenlose Angst vor dem Sterben; das Sich-Aufbäumen der gequälten und erniedrigten Kreatur, zu der er angesichts des Todes wurde, soll weder verharmlost noch umgedeutet werden. Aber auch in seiner

schwersten Stunde wußte er um den Gott seiner Väter, der im Leben und im Tod »Mein Gott« geblieben ist.

Wie schon die frühe Kirche annahm, hat Jesus höchstwahrscheinlich den Sterbepsalm 22 zu Ende gebetet: Vom bitterklagenden Anfang über das inbrünstige Flehen, das mit dem Himmel ringt, bis hin zum Sieg der Gläubigkeit über alle Qualen und Zweifel, um letztlich mit der neugewonnenen Heilsgewißheit – auch jenseits des Todes – auszuklingen. Wie Rabbi Akiba, Rabbi Pappos, Rabbi Chanina und viele andere jüdische Märtyrer starb auch Jesus, wie er gelebt hatte: Mutig in der Hoffnung, ein Vorbild der Zuversicht, der sein Schicksal dem Geber und Nehmer alles Lebens anheim stellt.

32 Jesus unterwirft sich Gott

Einer der Schriftgelehrten [...] fragte ihn: Welches Gebot ist das erste von allen? Jesus antwortete ihm: Höre Israel! Der Herr, unser Gott, ist allein Herr; und du sollst den Herrn, deinen Gott lieben aus deinem ganzen Herzen, aus deiner ganzen Seele und aus deinem ganzen Verstand und aus deiner ganzen Kraft.
(Mk 12,28–30)

Diese Glaubensantwort Jesu könnte heute von jedem Rabbi in Jerusalem ohne Zögern unterschrieben werden. Kein Wunder, denn Jesus selbst wird ja im Neuen Testament nicht weniger als vierzehn mal als »Rabbi« angesprochen. Und so bekennt er sich, ohne Abstriche, zur essentiellen Glaubenssatzung aus dem Fünften Buche Moses (Dtn 6,4 ff.), die, wie kaum ein anderes Bibelwort, die Seele des gläubigen Judentums zum Ausdruck bringt.
Was hier auf Anhieb beeindruckt, ist die kompromißlose Zentralität Gottes, die Jesus ohne Wenn und Aber als die Mitte seines Glaubens verkündet.
Gott selbst und er allein ist Herr. Nichts und niemand außer ihm soll euer Handeln und Wandeln bestimmen, nicht der Drang nach Ruhm und Ansehen noch die Gier nach Geld und Gütern oder Rücksicht auf Amt, Alter oder Würde. Denn »niemand kann zwei Herren dienen [...] Ihr könnt nicht Gott dienen *und* dem Mammon!« (Mt 6,24) Weder Angst vor der Obrigkeit noch Respekt vor der Priesterschaft, aber auch keine Anbetung Jesu erlaubt die Radikalität dieses demütigen Bekenntnisses. Denn hier spricht einer, der seine Sendung, im Sinne der Propheten, als Botendienst versteht, gesandt von dem Einen, »der allein gut ist« (Mt 19,17), wie er mit Nachdruck betont. »Ich aber,« so schärft er den Seinen ein, »bin in eurer Mitte wie ein Diener« (Lk 22,27).

So kann er auch den Satan, der ihn verführen will, sagen: »Du sollst den Herrn, deinen Gott, anbeten und ihm *allein* dienen!« (Mt 4,10).

Und diejenigen, die Jesus huldigen wollen, belehrt er: »Wer an mich glaubt, glaubt nicht an mich, sondern an den, der mich gesandt hat« (Joh 12,44), womit er wiederum »den allein wahren Gott« meint (Joh 17,3), der sowohl »mein Vater und euer Vater« als auch »mein Gott und euer Gott« ist (Joh 20,17). Die Radikalität dieses Bekenntnisses Israels entkräftet auch den Verdacht, Jesus erstrebe irgendeine Art von Herrschaft für sich.

Das »Himmelreich«, wie es auf Hebräisch heißt, ist nichts anderes als jene von den Propheten unermüdlich gepredigte Allein-Herrschaft Gottes auf Erden, die, ohne Rücksicht auf jedwede Menschenmacht, in der Vorherrschaft der Liebe, der Gerechtigkeit und der Barmherzigkeit ihre noch immer ausstehende Konkretisierung finden soll.

»Du sollst den Herrn, deinen Gott, lieben...«

Ist das nicht eine utopische Überforderung? Diesen Verborgenen, Unbekannten, oft auch furchtbar erscheinenden Gott mit völliger Hingabe zu lieben – das vermag nur einer, der verliebt ist in diesen freien, souveränen Herrn der Welt, der seine aufmüpfigen, oft störrischen Kinder völlig umsonst liebt.

Wie Moses, David und Jesus immer wieder beteuern, ist und bleibt eben diese grundlose, grenzenlose und selbstlose Liebe zu Gott der Anfang und das Ende aller Menschenweisheit. Diese hat Jesus den Seinen bis zur Selbstverleugnung vorgelebt, vorgeliebt, vorgelitten und sie zuletzt, in seinem Märtyrertod, auch vorgestorben.